ANATOLE FRANCE

LE PUITS

DE

SAINTE CLAIRE

PARIS

CALMANN LÉVY, ÉDITEUR

RUE AUBER 3, ET BOULEVARD DES ITALIENS, 15

A LA LIBRAIRIE NOUVELLE

1895

LE PUITS

DE

SAINTE CLAIRE

CALMANN LÉVY, ÉDITEUR

DU MÊME AUTEUR

Format grand in-18

PARIS. — IMPRIMERIE CHAIX. — 22304-10-94. — (Encre Lorilleux).

LE PUITS

DE

SAINTE CLAIRE

PAR

ANATOLE FRANCE

PARIS

CALMANN LÉVY, ÉDITEUR

ANCIENNE MAISON MICHEL LÉVY FRÈRES

3, RUE AUBER, 3

—

1895

LE
PUITS DE SAINTE CLAIRE

LE R. P. ADONE DONI

Τα γαρ φυσικά, καὶ τὰ ἠθικά, ἀλλὰ καὶ
τὰ μαθηματικά, καὶ τοὺς ἐγκυκλίους λόγους,
καὶ περὶ τεχνῶν πᾶσαν εἶχεν ἐμπειρίαν.

(*Laert.* IX, 37)

J'étais à Sienne au printemps. Occupé tout
le jour à des recherches minutieuses dans les
archives de la ville, j'allais me promener le
soir, après souper, sur la route sauvage de
Monte Oliveto où, dans le crépuscule, de grands
bœufs blancs accouplés traînaient, comme au
temps du vieil Évandre, un char rustique aux
roues pleines. Les cloches de la ville sonnaient
la mort tranquille du jour; et la pourpre du

1

soir tombait avec une majesté mélancolique
sur la chaîne basse des collines. Quand déjà
les noirs escadrons des corneilles avaient gagné
les remparts, seul dans le ciel d'opale, un
épervier tournait, les ailes immobiles, au-dessus
d'une yeuse isolée.

J'allais au devant du silence, de la solitude
et des douces épouvantes qui grandissaient
devant moi. Insensiblement la marée de la
nuit recouvrait la campagne. Le regard infini
des étoiles clignait au ciel. Et, dans l'ombre,
les mouches de feu faisaient palpiter sur les
buissons leur lumière amoureuse.

Ces étincelles animées couvrent par les nuits
de mai toute la campagne de Rome, de l'Ombrie
et de la Toscane. Je les avais vues jadis sur la
voie Appienne, autour du tombeau de Cæcilia
Metella, où elles viennent danser depuis deux
mille ans. Je les retrouvais sur la terre de Sainte
Catherine et de la Pia de'Tolomei, aux portes de
cette ville de Sienne, douloureuse et charmante.
Tout le long de mon chemin, elles vibraient dans
les herbes et dans les arbustes, se cherchant
et, parfois, à l'appel du désir, traçant au-dessus
de la route l'arc enflammé de leur vol.

Sur la voie blanche, dans ces nuits transparentes, la seule rencontre que je faisais était celle du R. P. Adone Doni, qui alors travaillait comme moi tout le jour dans l'ancienne académie *degli Intronati*. J'avais tout de suite aimé ce cordelier qui, blanchi dans l'étude, gardait l'humeur riante et facile d'un ignorant. Il causait volontiers. Je goûtais son parler suave, son beau langage, sa pensée docte et naïve, son air de vieux Silène purifié par les eaux baptismales, son instinct de mime accompli, le jeu de ses passions vives et fines, le génie étrange et charmant dont il était possédé. Assidu à la bibliothèque, il fréquentait aussi le marché, s'arrêtant de préférence devant les contadines, qui vendent des pommes d'or, et prêtant l'oreille à leurs libres propos. Il apprenait d'elles, disait-il, la belle langue toscane.

De sa vie, dont il se taisait, je savais seulement que, né à Viterbe d'une famille noble et misérable, il avait étudié les humanités et la théologie à Rome, était entré jeune chez les Franciscains d'Assise, où il travaillait aux archives, et avait eu des difficultés sur des matières de foi, avec ses supérieurs ecclésias-

tiques. Je crus m'apercevoir en effet qu'il
inclinait aux opinions singulières. Il avait de
la religion et de la science, mais non sans
bizarreries. Il croyait en Dieu sur le témoignage de l'Écriture et selon la doctrine de
l'Église, et il se moquait des simples philoso-
phes qui y croient d'eux-mêmes, sans y être
obligés. En cela il ne sortait pas de l'ortho-
doxie. C'est sur le diable qu'il professait des
opinions singulières. Il pensait que le diable
était mauvais sans l'être absolument et que son
imperfection naturelle l'empêcherait toujours
d'atteindre à la perfection du mal. Il croyait
apercevoir quelques signes de bonté dans les
actions obscures de Satan, et, sans trop l'oser
dire, il en augurait la rédemption finale de
l'archange méditatif, après la consommation
des siècles.

Ces étrangetés de pensée et d'humeur qui
l'avaient séparé du monde et jeté dans la solitude étaient pour moi un sujet d'amusement.
Il avait beaucoup d'esprit. Il lui manquait
seulement le sens du commun et de l'ordinaire.
Il vivait dans les images du passé et dans le
songe de l'avenir. La notion du temps présent

lui était absolument étrangère. Ses idées poli-
tiques procédaient à la fois de l'antique Sainte-
Marie des Anges et des conciliabules révolu-
tionnaires de Londres. C'était celles d'un socia-
liste chrétien. Il n'y était pas excessivement
attaché. Il méprisait trop la raison humaine
pour faire grand cas de la part qu'il en avait.
Le gouvernement des États lui paraissait une
énorme bouffonnerie dont il riait sans bruit,
décemment, en homme de goût. Les juges civils
et criminels l'étonnaient un peu. Il regardait
les militaires avec une indulgence philoso-
phique. Je ne tardai pas à découvrir en lui
des contradictions flagrantes.

Il appelait de toute la charité de son cœur
la paix universelle. Mais il avait du goût
pour la guerre civile, et il tenait en haute
estime ce Farinata degli Uberti, qui aima assez
fortement sa ville de Florence pour l'amener
par violence et par ruse et en rougissant l'Arbia
du sang florentin, à vouloir et à penser ce
qu'il voulait et pensait lui-même. Néanmoins,
le R. P. Adone Doni était un doux rêveur.
C'est sur l'autorité spirituelle du Saint-Siège
qu'il comptait pour établir en ce monde le

royaume de Dieu. Il pensait que le Paraclet
conduisait les papes dans une voie ignorée
d'eux-mêmes. Aussi n'avait-il que des paroles res-
pectueuses pour l'Agneau rugissant de Siniga-
glia et pour l'Aigle concordataire de Carpineto.
C'est de la sorte qu'il désignait communément
Pie IX et Léon XIII.

Bien que le R. P. Adone Doni me fût d'un
entretien particulièrement agréable, j'évitais,
par respect de sa liberté et de la mienne, de lui
rendre dans la ville des soins trop assidus. De
son côté, il gardait à mon égard une exquise
discrétion. Mais en nos promenades nous savions
nous rencontrer comme d'aventure. A une
demi-lieue de la porte Romaine la route se
creuse entre deux plateaux mornes, que héris-
sent de tristes mélèzes. Sous le flanc argileux
de la colline septentrionale, au bord de la
route, un puits tari dresse son léger pavillon
de fer. C'est là que, presque chaque soir, je
trouvais le R. P. Adone Doni. Assis sur la
margelle, les mains dans les manches de sa
robe, il contemplait avec un paisible étonnement les choses de la nuit. Et l'ombre qui
l'enveloppait laissait deviner encore dans ses

yeux clairs et sur sa face camuse l'expression
d'audace craintive et de grâce moqueuse qui y
était profondément empreinte. Nous échangions
d'abord des souhaits solennels de bonne santé,
de paix et de contentement. Et je prenais place
près de lui sur la vieille margelle de pierre qui
portait encore quelques traces de sculptures.
On y distinguait, au grand jour, une figure qui
avait la tête plus grosse que le corps et représentait un ange, ainsi qu'il paraissait à ses ailes.

Le R. P. Adone Doni ne manquait point de
me dire :

— Signore, soyez le bien venu au puits de
sainte Claire.

Je lui demandai un soir pour quelle raison
ce puits portait le nom de la préférée de saint
François. Il m'apprit que c'était à cause d'un
petit miracle fort gracieux qui, par malheur,
n'avait pas été admis dans le recueil des
Fioretti. Je le priai de vouloir bien me le
conter. Ce qu'il fit en ces termes :

« Au temps où le pauvre de Jésus-Christ,
François, fils de Bernardone, allait par les
villes enseignant la simplicité sainte et l'amour,
il visita Sienne, accompagné du frère Léon

qu'il aimait. Mais les Siennois avaricieux et
cruels, vrais fils de la Louve dont ils se van-
taient d'avoir sucé le lait, ne firent point un
bon accueil au saint qui leur conseillait de
prendre dans leur maison deux dames parfaitement belles, la Pauvreté et l'Obéissance. Ils
l'accablèrent d'outrages et de risées, et le chas-
sèrent de la ville. Il en sortit la nuit par la
porte Romaine. Le frère Léon qui marchait à
son côté lui dit :

» — Les Siennois ont écrit sur les portes de
leur cité : « Sienne vous ouvre son cœur, plus
large que ses portes ». Et pourtant, frère
François, ces hommes nous ont fermé leur cœur.

» Et François, fils de Bernardone, répondit :

» — La faute en est à moi, n'en doute point,
frère Léon, petit agneau de Dieu. Je n'ai pas
su frapper à la porte de ces cœurs avec assez
de force et d'adresse. Et je suis bien au-dessous
de ces hommes qui font danser un ours sur la
place de la ville. Car ils attirent une nombreuse
assemblée en montrant ce gros animal, et
moi, qui montrais des dames d'une beauté
céleste, je n'ai attiré personne. Frère Léon, je
t'ordonne par la sainte obéissance de me dire :

« Frère François, tu es un pauvre homme sans
aucun mérite, disgracieux et vraiment nuisible. »
Et tandis que frère Léon différait d'obéir, le
saint homme s'affligeait au dedans de lui-
même. Le long de la route noire, il lui souvenait de la douce Assise où il avait laissé ses
fils selon l'esprit et Claire, la fille de son âme. Il
savait que Claire était exposée à de grandes
tribulations pour l'amour de la pauvreté
sainte. Et il douta si sa fille bien aimée n'était
pas malade de corps et d'âme et détournée des
bons propos, dans la maison de saint Damien.

» Ces doutes l'accablaient d'un tel poids que,
parvenu à ce point où la route se creuse entre
les collines, il lui semblait que ses jambes
s'enfonçaient à chaque pas dans la terre. Il se
traîna jusqu'à ce puits, qui était alors dans sa
belle nouveauté et plein d'une eau limpide, et
il tomba sans force sur la margelle où nous
sommes assis en ce moment. L'homme de Dieu
demeura longtemps penché sur la bouche du
puits. Après quoi, relevant la tête, il dit joyeu-
sement au frère Léon :

» — Que crois-tu, frère Léon, agneau de
Dieu, que j'ai vu dans ce puits ?

1.

» Le frère Léon répondit :

» — Frère François, tu as vu dans ce puits la lune qui s'y mire.

» Mon frère, reprit le saint de Dieu, ce n'est pas notre sœur la lune que j'ai vue dans ce puits, mais, par la grâce adorable du Seigneur, le vrai visage de sœur Claire, et si pur et si resplendissant d'une sainte allégresse que tous mes doutes ont été soudain dissipés et qu'il m'est devenu manifeste que notre sœur goûte à cette heure le plein contentement que Dieu accorde à ses préférées, en les comblant des trésors de la pauvreté.

» Ayant ainsi parlé, le bon saint François but dans le creux de sa main quelques gouttes d'eau et se releva fortifié.

» C'est pourquoi le nom de sainte Claire a été donné à ce puits. »

Tel fut le récit du R. P. Adone Doni.

Chaque soir, je retrouvais l'aimable cordelier assis sur le rebord du puits mystique. Je prenais place à son côté, et il me disait quelque histoire de lui seul connue. Il en savait d'admirables. Il possédait mieux que personne

les antiquités de son pays qui se ranimaient
et se rajeunissaient dans sa tête comme dans
une internelle et spirituelle Jouvence. De
fraîches images s'échappaient abondamment de
ses lèvres chenues. Tandis qu'il parlait, la
lumière de la lune coulait sur sa barbe en
ruisseau d'argent. Le grillon accompagnait du
bruissement de ses élytres la voix du conteur,
et parfois, aux sons de cette bouche, d'où sortait le plus doux des langages humains, répondait la plainte flûtée du crapaud, qui, de
l'autre côté de la route, écoutait, amical et
craintif.

Je quittai Sienne vers le milieu de juin.
Depuis lors, je n'ai pas revu le R. P. Adone
Doni, qui reste dans ma mémoire comme une
figure de rêve. J'ai mis par écrit les contes qu'il
me fit sur la route de Monte Oliveto. On les
trouvera dans le présent livre. J'aurais voulu
retenir, en les rédigeant, quelques restes de la
grâce qu'ils avaient au Puits de sainte Claire.

1

SAINT SATYRE

Consors paterni luminis,
Lux ipse lucis et dies,
Noctem canendo rumpimus:
Assiste postulantibus.

Aufer tenebras mentium;
Fuga catervas dæmonum;
Expelle somnolentiam,
Ne pigritantes obruat.
(Breviarium romanum.
Feria tertia; ad matutinum).

Fra Mino s'était élevé par son humilité
au-dessus de ses frères ; et, jeune encore, il gou-
vernait sagement le monastère de Santa-Fiora.
Il était pieux. Il se plaisait à prolonger ses
méditations et ses prières ; parfois il avait des
extases. A l'exemple de saint François, son
père spirituel, il composait des chansons en

langue vulgaire sur l'amour parfait qui est
l'amour de Dieu. Et ces ouvrages ne péchaient
ni par la mesure ni par le sens, car il avait
étudié les sept arts libéraux à l'Université de
Bologne.

Or, un soir, comme il se promenait sous les
arcades du cloître, il sentit son cœur s'emplir
de trouble et de tristesse au souvenir d'une
dame de Florence qu'il avait aimée lorsqu'il
était dans la première fleur de la jeunesse, et
que l'habit de saint François ne protégeait pas
encore sa chair. Il pria Dieu de chasser cette
image. Mais son cœur resta triste.

— Les cloches, pensa-t-il, disent comme les
anges : AVE MARIA ; mais leur voix s'éteint dans
la brume du ciel. Sur la muraille de ce cloître,
le maître dont s'honore Pérouse a peint merveilleusement les Maries contemplant avec un
indicible amour le corps du Sauveur. Mais la
nuit a voilé les larmes de leurs yeux et les
sanglots muets de leur bouche, et je ne peux
pas pleurer avec elles. Ce puits, au milieu de la
cour, tout à l'heure, était couvert de colombes
qui venaient boire, mais elles se sont envolées
sans avoir trouvé d'eau dans les creux de la

margelle. Et voici, Seigneur, que mon âme se
tait comme les cloches, s'obscurcit comme les
Maries et se dessèche comme le puits. Pourquoi, Jésus mon Dieu, mon cœur est-il aride,
ténébreux et muet, quand vous êtes pour lui
l'aurore, le chant des oiseaux et la source des-
cendant des collines ?

Il craignit de regagner sa cellule et, pensant
que la prière dissiperait sa tristesse et calme-
rait son inquiétude, il entra par la porte basse
du cloître dans l'église conventuelle. De muettes
ténèbres emplissaient l'édifice, élevé plus de
cent cinquante ans auparavant, sur les restes
d'un temple romain, par le grand Margaritone.
Fra Mino traversa la nef et alla s'agenouiller
dans la chapelle du chevet, dédiée à San Michele,
dont l'histoire était peinte sur la muraille.
Mais la lueur sombre de la lampe suspendue
à la voûte ne permettait pas de voir l'archange
combattant le démon et pesant les âmes. Seulement, la lune envoyait par la fenêtre un
rayon pâle sur le tombeau de saint Satyre,
placé dans une arcade à la droite de l'autel.
Ce tombeau, en forme de cuve, était plus
ancien que l'église, et tout semblable aux sar-

cophages des païens, sinon que le signe de la
Croix se voyait tracé trois fois sur les parois
de marbre.

Fra Mino resta longtemps prosterné devant
l'autel; mais il lui fut impossible de prier et,
dans le milieu de la nuit, il sentit peser sur
lui cette torpeur qui avait accablé les disciples
de Jésus-Christ au jardin des Oliviers. Et,
tandis qu'il demeurait étendu sans courage ni
prudence, il vit comme une nuée blanche
s'élever au-dessus du tombeau de saint Satyre
et bientôt il reconnut que cette nuée était faite
d'une multitude de nuées dont chacune était
une femme. Elles flottaient dans l'air obscur;
à travers leurs légères tuniques brillaient leurs
corps légers. Et Fra Mino vit qu'il se trouvait
parmi elles de jeunes hommes à pieds de bouc
qui les poursuivaient. Leur nudité laissait
paraître l'effroyable ardeur de leurs désirs.
Cependant les nymphes fuyaient; sous leurs
pas rapides naissaient des prés fleuris et des
ruisseaux. Et chaque fois qu'un capripède
étendait la main sur l'une d'elles et la croyait
saisir, un saule s'élevait soudain pour cacher
la nymphe dans son tronc creux comme une

caverne, et le blond feuillage s'emplissait de murmures légers et de rires moqueurs.

Quand toutes les femmes se furent cachées sous les saules, les capripèdes, assis sur l'herbe soudaine, soufflèrent dans leurs flûtes de roseaux et en tirèrent des sons dont toute créature eût été troublée. Les nymphes charmées passaient la tête entre les branches et peu à peu, quittant leurs ombreuses retraites, s'approchaient, attirées par la flûte irrésistible. Alors les hommes-boucs se jetèrent sur elles avec une fureur sacrée. Dans les bras de l'insolent agresseur, les nymphes s'efforcèrent un moment encore de railler et de se moquer. Puis elles ne rirent plus. La tête renversée, les yeux noyés de joie et d'horreur, elles appelaient leur mère, ou criaient : « Je me meurs », ou gardaient un silence farouche.

Fra Mino voulut détourner la tête, mais il ne le put pas, et ses yeux restèrent ouverts malgré lui.

Cependant les nymphes, ayant noué leurs bras aux reins des capripèdes, mordaient, caressaient, irritaient leurs amants velus et, mêlées à eux, les enveloppaient, les baignaient de leur chair plus ondoyante et plus vive que l'eau du ruisseau qui, près d'elles, coulait sous les saules.

A cette vue, Fra Mino tomba, d'esprit et d'intention, dans le péché. Il désira être un de ces démons à demi hommes et à demi bêtes, et tenir sur sa poitrine, à leur manière, la dame de Florence qu'en la fleur de son âge il avait aimée, et qui était morte.

Mais déjà les hommes-boucs se dispersaient dans la campagne. Les uns recueillaient du miel au tronc des chênes, les autres taillaient des roseaux en forme de flûte, ou, bondissant l'un contre l'autre, entrechoquaient leurs fronts cornus. Et les corps inertes des nymphes, dépouilles charmantes de l'amour, jonchaient la prairie. Fra Mino gémissait sur la dalle; car le désir du péché avait été si vif en lui, que maintenant il en éprouvait la honte tout entière.

Tout à coup, une des nymphes couchées ayant, d'aventure, tourné le regard vers lui, s'écria :

— Un homme ! un homme !

Et, le montrant du doigt à ses compagnes :

— Voyez, mes sœurs, ce n'est point un chevrier. On ne voit pas près de lui sa flûte de
roseaux. Je ne le reconnais pas non plus pour
le maître d'un de ces domaines rustiques, dont
le petit jardin suspendu au coteau, sur les
vignes, est protégé par un Priape taillé dans
un tronc de hêtre. Que fait-il parmi nous, s'il
n'est ni chevrier, ni bouvier, ni jardinier? Il a
l'air sombre et rude, et je ne lis point dans
son regard l'amour des dieux et des déesses
qui peuplent le grand ciel, les bois et les montagnes. Il porte un habit barbare. C'est peut-
être un Scythe. Approchons de cet étranger,
mes sœurs, et sachons de lui s'il n'est pas venu
en ennemi pour troubler nos fontaines, abattre
nos arbres, déchirer nos montagnes et révéler
aux hommes cruels le mystère de nos asiles
heureux. Viens avec moi, Mnaïs ; venez, Eglé,
Néère et Mélibée.

— Allons ! répondit Mnaïs, allons avec nos
armes !

— Allons ! s'écrièrent-elles toutes ensemble.

Et Fra Mino vit que, s'étant levées, elles
cueillirent des roses à pleines mains, et s'avan-
cèrent vers lui, en une longue file, armées

de roses et d'épines. Mais la distance où elles
étaient de lui, qui d'abord lui avait semblé
petite, car il croyait les toucher presque, et
sentait leur souffle sur sa chair, parut croître
tout à coup, et il les vit venir comme d'une
forêt lointaine. Impatientes de l'atteindre, elles
couraient, en le menaçant de leurs fleurs
cruelles. Des menaces sortaient aussi de leurs
lèvres fleuries. Et voici qu'à mesure qu'elles
avançaient un changement se faisait en elles ;
elles perdaient à chaque pas un peu de leur
grâce et de leur éclat, et la fleur de leur jeunesse se fanait en même temps que les roses
de leurs bouquets. Ce furent d'abord les yeux
qui se creusèrent et la bouche qui tomba. Le
col, naguère si pur et si blanc, se traversa de
plis profonds, puis des mèches grises descendirent sur le front ridé. Elles allaient : leurs
yeux se bordaient d'écarlate, leurs lèvres ren-
traient dans les gencives. Elles allaient, portant
des roses sèches entre leurs bras noirs et
tordus comme la vieille vigne que les paysans
de Chianti brûlent pendant les nuits d'hiver.
Elles allaient, branlant du chef et flageolant
sur leurs cuisses creuses,

Arrivées à l'endroit où Fra Mino était cloué d'épouvante, ce n'était plus que d'horribles sorcières chauves et barbues, le nez au menton, la poitrine vide et pendante. Elles se pressaient autour de lui :

— Oh! le joli mignon, dit l'une. Il est blanc comme un linge, et le cœur lui bat comme à un lièvre mordu par les chiens. Églé, ma sœur, que convient-il d'en faire?

— Ma Néère, répondit Églé, il faut lui ouvrir la poitrine, lui arracher le cœur et mettre une éponge à la place.

— Non point! dit Mélibée. Ce serait lui faire payer trop cher sa curiosité et le plaisir qu'il a pris à nous surprendre. Il suffit pour cette fois de lui infliger une correction légère. Donnons-lui une bonne fessée.

Aussitôt, entourant le moine, les sœurs retroussèrent sa robe par-dessus sa tête et le frappèrent avec les poignées d'épines qui leur restaient dans les mains.

Le sang commençait à venir quand Néère leur fit signe de s'arrêter :

— Assez, dit-elle! c'est mon galant! J'ai vu tout à l'heure qu'il me regardait avec tendresse, je veux contenter ses désirs et me donner à lui sans plus attendre.

Elle sourit : une dent longue et noire, qui lui sortait de la bouche, lui chatouillait la narine. Elle murmurait :

— Viens, mon Adonis !

Puis, tout à coup, furieuse :

— Fi ! Fi ! ses sens sont engourdis. Sa froideur offense ma beauté. Il me méprise ; mes compagnes, vengez-moi ! Mnaïs, Eglé, Mélibée, vengez votre sœur !

A cet appel, toutes, levant leur fouet épineux, châtièrent si rudement le malheureux Fra Mino que son corps ne fut bientôt qu'une plaie. Elles s'arrêtaient par moments pour tousser et cracher et recommençaient ensuite de plus belle à jouer des verges. Elles ne cessèrent qu'à bout de forces.

— J'espère, dit alors Néére, que la prochaine fois il ne me fera pas l'affront immérité dont je rougis encore. Laissons lui la vie. Mais s'il trahit le secret de nos jeux et de nos plaisirs, nous le ferons mourir. Au revoir, beau mignon !

Ayant dit, la vieille s'accroupit sur le religieux et l'inonda d'une eau infecte. Chaque sœur à son tour en fit autant, puis elles regagnèrent l'une après l'autre le tombeau de saint Satyre, où elles entrèrent par une petite fente du couvercle, laissant leur victime étendue dans un ruisseau d'une insupportable puanteur.

Quand la dernière eut disparu, le coq chanta. Fra Mino put enfin se relever de terre. Brisé de fatigue et de douleur, engourdi par le froid, tremblant de fièvre, à demi suffoqué par les exhalaisons d'un liquide empesté, il rajusta ses vêtements et se traîna jusqu'à sa cellule, à la pointe du jour.

A compter de cette nuit, Fra Mino ne trouva plus de repos. Le souvenir de ce qu'il avait vu dans la chapelle de San Michele, sur le tombeau de saint Satyre, le troublait durant les offices et les exercices pieux. Il accompagnait en tremblant ses frères à l'église. Quand il lui fallait, suivant la règle, baiser le pavé du chœur, ses lèvres y rencontraient avec épouvante la trace des nymphes et il murmurait : « Mon Sauveur, ne m'entendez-vous pas vous dire ce que vous même avez dit à votre Père : Ne nous induisez pas en tentation ? » Il avait

pensé d'abord envoyer au seigneur évêque la
relation de ce qu'il avait vu. Mais, ayant mûre-
ment réfléchi, il se persuada qu'il valait mieux
méditer à loisir ces événements extraordinaires
et ne les publier qu'après en avoir fait une
étude exacte. Il se trouva d'ailleurs que le
seigneur évêque, allié aux guelfes de Pise
contre les gibelins de Florence, guerroyait à
cette heure d'une telle force qu'il n'avait de
tout un mois débouclé sa cuirasse. C'est pourquoi, sans parler à personne, fra Mino fit de
profondes recherches sur le tombeau de saint
Satyre et sur la chapelle où il était renfermé.
Versé dans la connaissance des livres, il feuilleta les anciens et les nouveaux; mais il n'y
trouva aucune lumière. Et les traités de magie,
qu'il étudia, ne firent que redoubler son incertitude.

Un matin, comme il avait, à son ordinaire,
travaillé toute la nuit, il voulut réjouir son
cœur par une promenade dans la campagne.
Il prit le sentier montueux qui, cheminant
parmi les vignes mariées aux ormeaux, va vers
un bois de myrtes et d'oliviers, sacré jadis aux
Romains. Les pieds dans l'herbe humide, le front

rafraîchi par la rosée qui s'égouttait à la pointe
des viornes, fra Mino marchait depuis longtemps
dans la forêt, quand il découvrit une source
sur laquelle les tamaris balançaient mollement
leur feuillage léger et le duvet de leurs grappes
roses. On voyait plus bas, entre les saules, dans
la source élargie, les hérons immobiles. Les petits
oiseaux chantaient aux rameaux des myrtes.
Le parfum de la menthe mouillée s'élevait de
terre; et dans l'herbe brillaient les fleurettes
dont Notre Seigneur a dit que le roi Salomon
dans toute sa gloire n'était pas vêtu comme
l'une d'elles. Fra Mino s'assit sur une pierre
moussue et, louant Dieu, qui fit le ciel et la
rosée, il médita les mystères cachés dans la
nature.

Comme le souvenir de ce qu'il avait vu en la
chapelle ne le quittait jamais, il demeura le
front dans ses mains, recherchant pour la mil-
lième fois ce que signifiait ce songe : « Car,
se disait-il, une telle apparition doit avoir un
sens : elle doit même en avoir plusieurs, qu'il
importe de découvrir, soit par illumination
soudaine, soit en faisant une application exacte
des règles de la scolastique. Et j'estime que,

dans ce cas particulier, les poètes que j'ai étu-
diés à Bologne, tels qu'Horace le satirique et
Stace, me devraient être aussi d'un grand
secours, car beaucoup de vérités sont mêlées
à leurs fables.

Ayant longtemps agité en lui-même ces pensées et d'autres plus subtiles encore, il leva les
yeux et s'aperçut qu'il n'était pas seul. Adossé
au tronc caverneux d'une yeuse antique, un
vieillard regardait le ciel à travers le feuillage
et souriait. A son front chenu pointaient des
cornes émoussées. De sa face camuse pendait
une barbe blanche, à travers laquelle on aper-
cevait les glandes de son cou. Un poil rude
hérissait sa poitrine. Sur ses cuisses une laine
épaisse traînait jusqu'à ses pieds fourchus. Il
appuya sur ses lèvres une flûte de roseaux,
dont il tira de faibles sons. Puis il chanta
d'une voix à peine distincte :

> Elle fuyait, rieuse,
> Mordant aux raisins d'or.
> Mais je sus bien l'atteindre,
> Et mes dents écrasèrent
> La grappe sur sa bouche.

Ayant vu et entendu ces choses, fra Mino fit
le signe de la croix. Mais le vieillard n'en fut

point troublé, et il arrêta sur le moine un
regard ingénu. Dans les rides profondes de
son visage, ses yeux bleus et limpides brillaient comme l'eau d'une source entre l'écorce
des chênes.

— Homme ou bête, s'écria Mino, je t'ordonne, au nom du Sauveur, de dire qui tu es.

— Mon fils, répondit le vieillard, je suis
saint Satyre! Parle plus bas, de peur d'effrayer
les oiseaux.

Fra Mino reprit d'une voix moins haute :

— Vieillard, puisque tu n'as pas fui devant
le signe redoutable de la Croix, je ne puis
penser que tu es un démon ou quelque esprit
impur échappé de l'enfer. Mais si vraiment tu
es, comme tu le dis, un homme, ou plutôt
l'âme d'un homme sanctifié par les travaux
d'une bonne vie et par les mérites de Notre
Seigneur Jésus-Christ, explique-moi, je t'en
prie, la merveille de tes cornes de bouc et de
ces jambes laineuses, que termine un pied
noir et fourchu.

A cette question, le vieillard leva le bras
vers le ciel et dit :

— Mon fils, la nature des hommes, des ani-

maux, des plantes et des pierres est le secret
des dieux immortels, et j'ignore autant que toi-
même la cause de ces cornes dont mon front
est orné et sur lesquelles les nymphes nouaient
autrefois des guirlandes de fleurs. Je ne sais ce
que font ces deux glandes suspendues à mon
cou, ni pourquoi j'ai les pieds du bouc audacieux. Je puis t'apprendre seulement, mon fils,
qu'il fut jadis dans ces bois des femmes ayant
comme moi le front cornu et les cuisses laineuses. Mais leur poitrine était ronde et
blanche. Leur ventre, leurs reins polis relui-
saient. Jeune alors, le soleil aimait, sous le
feuillage, à les cribler de ses flèches d'or. Elles
étaient belles, mon fils. Hélas! elles ont disparu des bois jusqu'à la dernière. Mes pareils
ont péri comme elles; et je reste aujourd'hui
seul de ma race. Je suis bien vieux.

— Vieillard, fais-moi connaître ton âge, ton
sang, la patrie.

— Mon fils, je naquis de la Terre, bien avant
que Jupiter eût détrôné Saturne, et mes yeux
ont contemplé la nouveauté fleurie du monde.
La race humaine n'était pas encore sortie de
l'argile. Seules avec moi, les satyresses dan-

santes faisaient retentir le sol du choc rythmé
de leur double sabot. Elles étaient plus
grandes, plus robustes et plus belles que les
nymphes et que les femmes; et leurs flancs
plus larges recevaient abondamment la semence
des premiers nés de la Terre.

» Sous le règne de Jupiter, les nymphes commencèrent d'habiter les fontaines, les bois et
les montagnes. Les faunes, mêlés aux nymphes,
formèrent des chœurs légers au fond des bois.
Cependant je vivais heureux, mordant à souhait aux grappes de la vigne sauvage et aux
lèvres des faunesses rieuses. Et je goûtais le
dormir paisible dans les herbes épaisses. Je
célébrais sur la flûte rustique Jupiter après
Saturne, parce qu'il est en moi de louer les
dieux, maîtres du monde.

» Hélas! et j'ai vieilli, car je ne suis qu'un
dieu, et les siècles ont blanchi les crins de ma
tête et de ma poitrine; ils ont éteint l'ardeur
de mes reins. J'étais déjà tout appesanti par
l'âge lorsque le grand Pan mourut et que Jupiter, subissant le sort qu'il avait infligé à
Saturne, fut détrôné par le Galiléen. J'ai traîné
depuis lors une vie si languissante, qu'il m'est

2.

arrivé de mourir et d'être mis dans un tombeau. Et véritablement je ne suis plus que l'ombre de moi-même. Si j'existe encore un peu, c'est parce que rien ne se perd, et qu'il n'est permis à personne de mourir tout à fait. La mort ne saurait être plus parfaite que la vie. Les êtres perdus dans l'océan des choses sont comme les flots que tu vois, ô mon enfant, se soulever et s'abaisser dans la mer Hadria. Elles n'ont ni commencement ni fin, elles naissent et périssent insensiblement. Insensiblement comme elles s'écoule mon âme. Un pâle souvenir des satyresses de l'âge d'or anime encore mes yeux, et sur mes lèvres les hymnes antiques volent sans bruit.

Il dit et se tut. Fra Mino regarda le vieillard et connut qu'il n'était qu'un fantôme.

— Que tu sois, lui dit-il, un capripède sans être un démon, c'est ce qui n'est pas tout à fait incroyable. Les créatures que Dieu forma pour n'avoir point de part à l'héritage d'Adam ne peuvent pas plus être damnées qu'elles ne peuvent être sauvées. Je ne crois pas que le centaure Chiron, qui fut sage plus qu'un homme, souffre, dans la gueule de Léviathan,

les peines éternelles. Un voyageur, qui pénétra dans les limbes, dit l'avoir vu assis sur
l'herbe et conversant avec Riphée, le plus
juste des Troyens. Mais d'autres affirment
que le saint Paradis a été ouvert à Riphée de
Troie. Et le doute est permis à ce sujet. Cependant tu mentais, vieillard, quand tu m'as
dit que tu étais un saint, toi qui n'es pas un
homme.

Le capripède répondit :

— Mon fils, quand j'étais jeune, je ne mentais pas plus que les brebis dont je suçais le
lait et que les boucs avec lesquels je cossais
dans la joie de ma force et de ma beauté. Rien
en ce temps ne mentait, et la toison des mou-
tons n'avait pas encore appris à se revêtir
de couleurs trompeuses ; je n'ai point changé
d'âme depuis lors. Vois, je suis nu comme
aux jours dorés de Saturne. Et mon esprit n'a
pas plus de voiles que mon corps. Je ne mens
point. Et que trouves-tu d'extraordinaire, mon
fils, à ce que je sois devenu un saint devant le
Galiléen, sans être sorti de cette mère que les
uns nomment Ève et les autres Pyrrha, et qu'il
convient de vénérer sous ces deux noms ?

Saint Michel non plus n'est point né d'une femme. Je le connais et nous conversons parfois ensemble. Il me parle du temps où il était bouvier sur le mont Gargan...

Fra Mino interrompit le satyre :

— Je ne puis souffrir qu'on dise que saint Michel fut bouvier, pour avoir gardé les bœufs d'un homme nommé Gargan, de même que la montagne. Mais apprends-moi, vieillard, comment tu fus sanctifié.

— Écoute, répondit le capripède, et ta curiosité sera satisfaite.

» Quand des hommes venus de l'Orient annoncèrent dans la douce vallée de l'Arno que le Galiléen avait détrôné Jupiter, ils abattirent les chênes où les paysans suspendaient de petites déesses d'argile et des tablettes votives; ils plantèrent des croix sur les sources sacrées et défendirent aux bergers de porter dans les grottes des nymphes du vin, du lait, des gâteaux en offrande. Le peuple des faunes, des pans et des sylvains en fut justement offensé. Dans sa colère, il s'attaqua aux porteurs du nouveau dieu. Quand les apôtres dormaient, la nuit, sur leur lit de feuilles sèches,

les nymphes venaient leur tirer la barbe, et
les jeunes faunes, se glissant dans l'étable des
hommes saints, arrachaient des poils à la
queue de leur ânesse. En vain j'essayai de dé-
sarmer leur malice ingénue et de les exhorter
à la soumission. « Mes enfants, leur disais-je,
le temps des jeux faciles et des rires moqueurs
est passé. » Les imprudents ne m'écoutèrent
point. Il leur en arriva malheur.

» Mais moi, qui avais vu finir le règne
de Saturne, je trouvais naturel et juste que
Jupiter pérît à son tour. J'étais résigné à la
chute des grands dieux. Je ne résistai pas aux
messagers du Galiléen. Même je leur rendis de
petits services. Connaissant mieux qu'eux les
sentiers des bois, je cueillais des mûres et des
prunelles que je déposais sur des feuilles au
seuil de leur grotte. Je leur offrais aussi des
œufs de pluvier. Et, s'ils bâtissaient une cabane,
je leur portais sur mon dos du bois et des
pierres. En retour, ils versèrent de l'eau sur
mon front et me souhaitèrent la paix en Jésus-
Christ.

» Je vivais avec eux et comme eux. Ceux qui
les aimaient m'aimaient. Ainsi qu'on les hono-

rait, on m'honora moi-même, et ma sainteté paraissait égale à la leur.

» Je l'ai dit, mon fils, que j'étais déjà bien vieux alors. Le soleil réchauffait à grand'-peine mes membres engourdis. Je n'étais plus qu'un vieil arbre creux, ayant perdu sa couronne fraîche et chantante. Chaque retour de l'automne précipitait ma ruine. Un matin d'hiver, on me trouva étendu sans mouvement au bord du chemin.

» L'évêque, suivi de ses prêtres et de tout le peuple, célébra mes funérailles. Puis je fus mis dans un grand tombeau de marbre blanc, marqué trois fois du signe de la croix et portant sur la paroi de devant le nom de SAINT SATYRE dans une guirlande de raisins.

» En ce temps-là, mon fils, les tombeaux bordaient les routes. Le mien fut placé à deux milles de la ville, sur le chemin de Florence. Un jeune platane grandit au-dessus et le couvrit de son ombre entremêlée de lumière, pleine de chants d'oiseaux, de murmures, de fraîcheur et de joie. Une fontaine, non loin, coulait sur un lit de cresson; les garçons et les filles venaient en riant s'y baigner ensemble. Ce

lieu charmant était un lieu saint. Les jeunes
mères y portaient leurs petits enfants et leur
faisaient toucher le marbre du monument, afin
qu'ils devinssent forts et bien formés de tous
leurs membres. C'était la commune croyance
du pays que les nouveau-nés qu'on présentait
à ma sépulture devaient un jour l'emporter
sur les autres en vigueur et en courage. C'est
pourquoi on m'amenait la fleur de la gentille race toscane. Les paysans me conduisaient
aussi leurs ânesses dans l'espoir de les rendre
fécondes. Ma mémoire était vénérée. Chaque
année, au retour du printemps, l'évêque venait,
avec son clergé, prier sur mon corps, et je
voyais poindre de loin, à travers l'herbe des
prairies, la procession des croix et des cierges,
le dais d'écarlate, les chants des psaumes. Il
en était ainsi, mon fils, au temps du bon roi
Bérenger.

» Cependant les satyres et les satyresses, les
faunes et les nymphes traînaient une vie errante
et misérable. Pour eux, plus d'autels de gazon,
plus de guirlandes de fleurs, plus d'offrandes
de lait, de farine et de miel. A peine si, de
loin en loin, quelque chevrier déposait furti-

vement un petit fromage sur le seuil de la
grotte sacrée, dont l'ouverture disparaissait sous
la ronce et l'épine. Encore les lapins et les
écureuils venaient-ils manger ces mets indi-
gents. Les nymphes, habitantes des forêts et
des antres sombres, avaient été chassées de
leurs demeures par les apôtres venus de
l'Orient. Et, pour qu'elles n'y pussent revenir,
les prêtres du Dieu galiléen versaient sur les
arbres et sur les pierres une eau charmée, pro-
nonçaient des paroles magiques et dressaient
des croix aux carrefours des forêts; car le Galiléen, mon fils, est savant dans l'art des incan-
tations. Mieux que Saturne et que Jupiter il
connaît la vertu des formules et des signes.
Aussi les pauvres divinités rustiques ne trouvaient plus d'asile dans leurs bois sacrés. Le
chœur des capripèdes velus, qui frappaient
autrefois d'un pied sonore la terre maternelle,
n'était plus qu'une nuée d'ombres pâles et
muettes traînant au flanc des coteaux comme
la brume du matin que le soleil dissipe.

» Battus, ainsi que d'un vent furieux, par la
haine divine, ces spectres tourbillonnaient tout
le jour dans la poussière des routes. La nuit

leur était un peu moins ennemie. La nuit n'appartient pas tout entière au dieu galiléen. Il la partage avec les démons. Quand l'ombre descendait des collines, faunes et faunesses, nymphes et pans, venaient se blottir contre les tombeaux qui bordent les chemins, et là, sous le doux empire des puissances infernales, ils goûtaient un peu de repos. Aux autres tombes ils préféraient la mienne, comme celle de l'ancêtre vénérable. Bientôt ils se réunirent tous sous la partie de la corniche qui, regardant le Midi, n'avait point de mousse et demeurait toujours sèche. Leur peuple léger y volait fidèlement chaque soir comme les colombes au colombier. Ils y trouvaient place aisément, étant devenus tout petits et pareils à la balle légère qui s'échappe du van. Moi-même, sortant de ma chambre muette, je m'asseyais parfois au milieu d'eux à l'abri des tuiles de marbre et je leur chantais avec un faible souffle de voix les jours de Saturne et de Jupiter ; et il leur souvenait de la félicité passée. Aux regards de Diane, ils se donnaient entre eux l'image de leurs jeux antiques, et le voyageur attardé croyait voir les vapeurs des prairies imiter sous la lune les

corps mêlés des amants. Aussi bien n'étaient-
ils plus qu'une brume légère. Le froid leur
faisait beaucoup de mal. Une nuit, comme la
neige avait couvert la campagne, les nymphes
Eglé, Néère, Mnaïs et Mélibée se glissèrent par
les fentes du marbre dans l'étroite et sombre
chambre que j'habitais. Leurs compagnes en
foule les y suivirent, et les faunes, se jetant à
leur poursuite, les eurent bientôt rejointes. Ma
maison fut leur maison. Nous n'en sortions
guère, sinon pour aller au bois quand la nuit
était belle. Encore avaient-ils hâte de rentrer
au premier chant du coq. Car il faut t'apprendre, mon fils, que, seul de la race cornue, j'ai
licence de paraître sur cette terre à la lumière
du jour. C'est un privilège attaché à mon état
de sainteté.

» Ma sépulture inspirait plus de vénération
que jamais aux habitants des campagnes et,
chaque jour, les jeunes mères me présentaient
leurs nourrissons qu'elles soulevaient, nus,
entre leurs bras. Lorsque les fils de Saint François vinrent s'établir dans la contrée et firent
bâtir un monastère au flanc de la colline, ils
demandèrent au seigneur évêque qu'il leur per-

mît de transporter et de garder mon tombeau
dans l'église conventuelle. Cette faveur leur fut
accordée, et je fus transféré en grande pompe
dans la chapelle de San Michele, où je repose
encore. Ma famille rustique y fut portée avec
moi. C'était beaucoup d'honneur; mais j'avoue
que je regrettai le grand chemin où je voyais
passer à l'aube les paysannes portant sur leur
tête une corbeille de raisins, de figues et d'au-
bergines. Le temps n'a guère adouci mes regrets,
et je voudrais être encore sous le platane de la
voie Sacrée.

» Telle est ma vie, ajouta le vieux capripède.
Elle coule riante, douce et cachée à travers
tous les âges de la terre. Si quelque tristesse
s'y mêle à la joie, c'est que les dieux l'ont
voulu. O mon fils, louons les dieux, maîtres du
monde!

Fra Mino demeura quelque temps songeur.
Puis :

— Je comprends maintenant, dit-il, le sens
de ce que j'ai vu, durant la nuit mauvaise, en
la chapelle de San Michele. Pourtant un point
reste obscur dans mon esprit. Dis-moi, vieillard, pourquoi ces nymphes, qui habitent avec

toi et qui se livrent aux faunes, se sont chan-
gées en vieilles femmes dégoûtantes quand elles
sont venues à moi.

— Hélas! mon fils, répondit saint Satyre, le
temps n'épargne ni les hommes ni les dieux.
Ceux-ci ne sont immortels que dans l'imagina-
tion des hommes éphémères. En réalité, ils
sentent les atteintes de l'âge et penchent avec
les siècles vers leur déclin irréparable. Les nymphes vieillissent comme les femmes. Il n'est
point de rose qui ne devienne gratte-cul. Il
n'est point de nymphe qui ne devienne sor-
cière. Puisque tu as contemplé les ébats de ma
petite famille, tu as pu voir que le souvenir de
leur jeunesse passée orne encore les nymphes
et les faunes dans le moment d'aimer, et que
leur ardeur ranimée ranime leur beauté. Mais
les ruines des siècles reparaissent aussitôt après.
Hélas! hélas! la race des nymphes est vieille et
décrépite.

Fra Mino demanda encore :

— Vieillard, s'il est vrai que tu aies atteint
à la béatitude par des voies mystérieuses, s'il
est vrai, bien qu'absurde, que tu sois un saint,
comment demeures-tu dans la tombe avec ces

ombres qui ne savent point louer Dieu et qui
souillent de leurs impudicités la maison du
Seigneur? Réponds, ô vieillard!

Mais le saint capripède, sans répondre, s'éva-
nouit doucement dans l'air.

Assis sur la pierre moussue, au bord de la
fontaine, fra Mino méditait le discours qu'il
venait d'entendre, et il y trouvait, au milieu
de ténèbres épaisses, des clartés merveilleuses.

— Ce saint Satyre, pensait-il, est comparable
à la Sibylle qui, dans le temple des faux dieux,
annonçait le Sauveur aux nations. La boue
des mensonges antiques est encore attachée à
la corne de ses pieds, mais son front se lève
dans la lumière, et ses lèvres confessent la vérité.

Comme l'ombre des hêtres s'allongeait sur
l'herbe du coteau, le moine se leva de dessus
sa pierre et descendit l'étroit sentier qui conduisait au couvent des fils de Saint François.
Mais il n'osait regarder les fleurs dormant sur
les eaux, parce qu'il y trouvait les images des
nymphes. Il rentra dans sa cellule à l'heure
où les cloches sonnaient l'*Ave Maria*. Elle était
petite et blanche, meublée seulement d'un lit,
d'un escabeau et d'un de ces hauts pupitres à

l'usage des écrivains. Sur la muraille, un frère
mendiant avait peint jadis, dans la manière
de Giotto, les Maries au pied de la Croix. Sous
cette peinture, une tablette de bois, sombre et
luisante comme les poutres des pressoirs,
portait des livres, dont les uns étaient sacrés
et les autres profanes, car fra Mino étudiait
les poètes antiques, afin de louer Dieu dans
tous les ouvrages des hommes, et il bénissait
Virgile pour avoir prophétisé la naissance du
Sauveur, lorsque le Mantouan dit aux nations :
Jam redit et Virgo.

Sur le rebord de la fenêtre, une tige de lys
s'élançait d'un vase de faïence grossière. Fra
Mino se plaisait à lire le nom de la sainte
Vierge écrit en poussière d'or dans la coupe
des lys. La fenêtre, ouverte très haut, n'était
pas large; mais l'on y voyait le ciel au-dessus
des collines violettes.

S'étant enfermé dans ce doux tombeau de
sa vie et de ses désirs, Mino s'assit devant
l'étroit pupitre, surmonté d'une double tablette,
où il avait coutume de se livrer aux études.
Et là, trempant son roseau dans l'écritoire
attachée au flanc du casier qui renfermait les

feuilles de parchemin, les pinceaux, les tubes
de couleurs et la poudre d'or, il pria, au nom
du Seigneur, les mouches de ne point l'im-
portuner, et il commença d'écrire la relation
de tout ce qu'il avait vu et entendu dans la
chapelle de San Michele, durant la nuit mauvaise, et ce jour même, dans le bois, au bord
de la fontaine. Il traça d'abord ces lignes sur
le parchemin :

*Voici ce que fra Mino, de l'ordre des Frères
Mineurs, a vu et entendu, et qu'il rapporte pour
l'instruction des fidèles. A la louange de Jésus-
Christ et à la gloire du bienheureux petit pauvre
du Christ, saint François. Amen.*

Puis il rangea par écrit, sans rien omettre,
ce qu'il avait observé des nymphes devenues
sorcières et du vieillard cornu dont la voix
murmurait dans la forêt comme un dernier
soupir de la flûte antique et comme un pré-
lude de la harpe sacrée. Tandis qu'il écrivait,
les oiseaux chantaient; et la nuit vint lente-
ment effacer les belles couleurs du jour. Le
moine alluma sa lampe et continua d'écrire.
A mesure qu'il rapportait les merveilles dont il
avait eu connaissance, il en expliquait le sens

littéral et le sens spirituel selon les règles de
la scolastique. Et, comme on ceint de murailles
et de tours les villes pour les rendre fortes, il
soutenait ses arguments par des maximes tirées
de l'Écriture. Il conclut des révélations singulières qu'il avait reçues : premièrement,
que Jésus-Christ est Seigneur de toutes les
créatures et qu'il est Dieu des Satyres et des
Pans, aussi bien que des hommes. C'est pourquoi saint Jérôme vit dans le désert des centaures qui confessaient Jésus-Christ; seconde-
ment, que Dieu communiqua aux païens
quelques lueurs de vérité, afin qu'ils pussent
être sauvés. Aussi les sibylles, telles que la
Cumane, l'Égyptienne et la Delphique, ont-elles
fait paraître, dans les ténèbres de la gentilité,
la Crèche, les Verges, le Sceptre de roseau, la
Couronne d'épines et la Croix. Et, pour cette
raison, saint Augustin a admis la sibylle
Erythrée dans la cité de Dieu. Fra Mino rendit
grâces à Dieu de lui avoir enseigné ces choses.
Une grande joie inonda son cœur à la pensée
que Virgile était parmi les élus. Et il écrivit
avec allégresse au bas du dernier feuillet :

Voici l'apocalypse de frère Mino, le pauvre de

Jésus-Christ. J'ai vu l'auréole des saints sur le front cornu du Satyre, en signe que Jésus-Christ a tiré des limbes les sages et les poètes de l'antiquité.

La nuit était déjà très avancée quand, ayant achevé sa tâche, fra Mino s'étendit sur son lit pour y prendre un peu de repos. Au moment qu'il commençait de sommeiller, une vieille femme entra par la fenêtre dans un rayon de lune. Il la reconnut pour la plus horrible des sorcières qu'il avait vues dans la chapelle de San Michele.

— Mon mignon, lui dit-elle, qu'as-tu fait aujourd'hui? Nous t'avions pourtant averti, moi et mes douces sœurs, de ne point révéler nos secrets. Car si tu nous trahissais, nous te ferions mourir. Et j'en serais affligée, car je t'aime tendrement.

Elle le tint embrassé, l'appela son Adonis céleste et son petit âne blanc, et lui fit d'ardentes caresses.

Comme il la repoussait avec dégoût :

— Enfant, lui dit-elle, tu me dédaignes parce que mes yeux sont bordés de rouge, mes narines rongées par l'âcre et puante humeur qu'elles distillent, et mes gencives

3.

garnies d'une seule dent, mais noire et déme-
surée. Il est vrai que telle est aujourd'hui ta
Nééra. Mais si tu m'aimes, je redeviendrai,
par toi et pour toi, ce que j'étais aux jours
dorés de Saturne, quand ma jeunesse fleuris-
sait dans la jeunesse fleurie du monde. C'est
l'amour, ô mon jeune dieu, qui fait la beauté
des choses. Pour me rendre belle, il ne te
faut qu'un peu de courage. Allons, Mino, de
la vigueur!

A ces paroles, accompagnées de gestes, fra
Mino, abîmé d'épouvante et d'horreur, se sentit
défaillir et glissa de son lit sur le pavé de la
cellule. En tombant, il crut voir, entre ses
paupières déjà à demi closes, une nymphe
d'une forme parfaite, dont le corps nu coulait
sur lui comme du lait répandu.

Il se réveilla au grand jour, tout brisé de
sa chute. Les feuillets du parchemin qu'il
avait noircis la veille couvraient le pupitre. Il
les relut, les plia, les scella de son sceau, les
mit sous sa robe, et, sans souci des menaces
que les sorcières lui avaient faites par deux
fois, il alla porter ces révélations au seigneur
évêque dont le palais dressait ses créneaux au

milieu de la ville. Il le trouva chaussant ses
éperons dans la grande salle, au milieu de ses
lansquenets. Car le pontife était alors en guerre
avec les gibelins de Florence. Il demanda au
moine quel sujet l'amenait, et, quand il en fut
instruit, il l'invita à lui faire sur-le-champ
lecture de sa relation. Fra Mino obéit. Le
seigneur évêque écouta la lecture jusqu'au
bout. Il n'avait point de clartés spéciales sur
les apparitions; mais il était animé d'un zèle
ardent pour les intérêts de la foi. Sans tarder
d'un jour ni se laisser détourner par les
soins de sa guerre, il chargea douze illustres
docteurs en théologie et droit canon d'exami-
ner cette affaire, et les pressa d'apporter leurs
conclusions. Après mûr examen et non sans
avoir interrogé maintes fois fra Mino, les docteurs décidèrent qu'il convenait d'ouvrir le
tombeau de saint Satyre en la chapelle de San
Michele, et d'y faire des exorcismes extraordinaires. Sur les points de doctrine soulevés par
fra Mino, ils ne se prononcèrent pas formelle-
ment, inclinant toutefois à tenir pour témé-
raires, frivoles et nouveaux les arguments du
franciscain.

Conformément à l'avis des docteurs et sur
l'ordre du seigneur évêque, le tombeau de
saint Satyre fut ouvert. Il ne contenait qu'un
peu de cendre sur laquelle les prêtres jetèrent
de l'eau bénite. Il en sortit alors une vapeur
blanche d'où s'échappaient de faibles gémisse-
ments.

La nuit qui suivit cette pieuse cérémonie,
fra Mino rêva que les sorcières, penchées sur
son lit, lui arrachaient le cœur. Il se leva au
petit jour, tourmenté de douleurs aiguës et
dévoré d'une soif ardente. Il se traîna jusqu'au puits du cloître, où buvaient les colombes. Mais dès qu'il eut aspiré quelques gouttes
d'eau qui remplissaient un creux de la margelle, il sentit son cœur se gonfler comme une
éponge et murmurant : « Mon Dieu ! » il
mourut étouffé.

A Jules Lemaître,

II

MESSER GUIDO CAVALCANTI

> Guido, di Messer Cavalcante de' Cavalcanti fu un de' migliori loici che avesse il mondo, et ottimo filosofo naturale... E perciò che egli alquanto tenea della opinione degli Epicuri, si diceva tra la gente volgare che queste sue speculazioni eran solo in cercare se trovar si potesse che Iddio non fosse.
>
> *(Il Decameron di Messer Giovanni Boccaccio, giornata sesta, novella IX.)*

> DIM
> NON. FVI. ME
> MINI. NON. SVM
> NON. CVRO. DO
> NNIA. ITALIA. AN
> NORVM. XX. HIC
> QVIESCO
>
> *(Cippe de Donnia Italia,* d'après la lecture de M. Jean-François Bladé.)

Messer Guido Cavalcanti était, dans sa vingtième année, le plus agréable et le mieux fait de tous les gentilshommes florentins. Sous ses longs cheveux noirs qui, s'échappant de son

bonnet, tombaient en boucles azurées sur son
front, ses prunelles d'or jetaient les rayons
d'une lumière éblouissante. Il avait les bras
d'Hercule avec des mains de nymphe. Ses épaules
étaient larges, et sa taille était fine et souple.
Il excellait à monter les chevaux difficiles ainsi
qu'à manier les armes pesantes, et il était sans
rival au jeu de bague. Lorsqu'il traversait les
rues de la ville pour entendre la messe, soit à
San Giovanni, soit à San Michele, ou qu'il se
promenait, au bord de l'Arno, dans les prairies,
teintes de fleurs comme une belle peinture,
si des dames de quelque gentillesse, allant de
compagnie, le rencontraient sur leur passage,
elles ne manquaient point de se dire l'une à
l'autre en rougissant: « Voici messer Guido, le
fils du seigneur Cavalcante de' Cavalcanti. Vraiment c'est un beau saint Georges! » Et l'on conte
que Madonna Gemma, femme de Sandro Buja-
monte, envoya un jour sa nourrice vers lui pour
lui faire savoir qu'elle l'aimait de toute son âme
et qu'elle en pensait mourir. Il était pareillement
très recherché dans les compagnies que formaient alors les jeunes seigneurs de Florence,
qui s'y fêtaient entre eux, soupaient, jouaient,

chassaient ensemble et s'aimaient parfois jusqu'à porter les uns et les autres des vêtements
tout semblables. Mais il évitait également la
société des dames et les assemblées des jeunes
hommes, et son humeur fière et sauvage ne se
plaisait qu'à la solitude.

Il demeurait souvent enfermé tout le jour
dans sa chambre et s'allait promener tout seul
sous les yeuses du chemin d'Ema à l'heure où
les premières étoiles tremblent dans le ciel
pâle. S'il se rencontrait par hasard avec des
cavaliers de son âge, il ne riait point et ne
prononçait que peu de paroles. Encore n'étaient-
elles pas toujours intelligibles. Cette allure
étrange et ces discours ambigus affligeaient ses
compagnons. Messer Betto Bruneleschi en était
contristé plus que tout autre, car il aimait chèrement messer Guido et il n'avait pas de plus
ardent désir que de l'attirer dans la confrérie où
s'étaient réunis les plus riches et les plus beaux
gentilshommes de Florence, et dont il était lui-
même l'honneur et la joie. Car on tenait messer
Betto Bruneleschi pour une fine fleur de
chevalerie et pour le plus habile cavalier de
toute la Toscane, après messer Guido.

Un jour que celui-ci entrait sous le porche de Santa-Maria Novella, où les moines de l'ordre de Saint-Dominique gardaient alors nombre de livres apportés par des Grecs, messer Betto, qui passait en ce moment sur la place, appela vivement son ami :

— Hé! mon Guido, lui cria-t-il, où donc allez-vous, en ce clair jour qui vous invite, ce me semble, à chasser à l'oiseau sur les collines, plutôt qu'à vous cacher dans l'ombre de ce cloître? Faites-moi la grâce de venir dans ma maison d'Arezzo, où je vous jouerai de la flûte, pour le plaisir de vous voir sourire.

— Grand merci! répondit messer Guido, sans daigner tourner la tête. Je vais voir ma dame.

Et il entra dans l'église qu'il traversa d'un pas rapide, aussi peu soucieux du saint Sacrement exposé sur l'autel, que de messer Betto, planté dehors sur son cheval et demeuré stupide de ce qu'il venait d'entendre; il pénétra par une porte basse dans le cloître, en longea le mur et parvint dans la librairie où fra Sisto peignait des figures d'anges. Là, ayant donné le salut au bon frère, il tira d'un grand coffre

à pantures un des livres nouvellement venus
de Constantinople, le posa sur un pupitre et
commença de le feuilleter. C'était un traité de
l'Amour, composé en langue grecque par le
divin Platon. Il soupira ; ses mains tremblè-
rent, ses yeux se remplirent de larmes.

— Hélas ! murmura-t-il, sous ces signes
obscurs est la lumière, et je ne la vois pas !

Il se parlait à lui-même de la sorte, parce
que la connaissance de la langue grecque était
alors tout à fait perdue en Occident. Après
avoir gémi longtemps, il prit le livre et, l'ayant
baisé, il le déposa dans le coffre de fer comme
une belle morte dans son cercueil. Puis il
demanda au bon fra Sisto le manuscrit des
harangues de Cicéron, qu'il lut jusqu'à ce que
les ombres du soir, baignant les cyprès du
jardin, eussent étendu sur les pages du livre
leurs ailes de chauve-souris. Car il faut savoir
que messer Guido Cavalcanti cherchait la
vérité dans les écrits des anciens et tentait les
voies ardues par lesquelles l'homme se rend
immortel. Dévoré du noble désir de trouver, il
mettait en canzones les doctrines des anciens
sages sur l'Amour qui conduit à la Vertu.

A quelques jours de là, messer Betto Bruneleschi vint le visiter dans sa maison, sur la promenade des Adimari, à l'heure matinale où l'alouette chante dans les blés. Il le trouva encore au lit. Après l'avoir embrassé, il lui dit tendrement :

— Mien Guido, Guido mien, tirez-moi de peine. Vous m'avez dit, la semaine passée, que vous alliez visiter votre dame dans l'église et le cloître de Sainte-Marie-Nouvelle. Depuis lors, je retourne ces paroles dans ma tête, sans qu'il me soit possible d'en découvrir la signification. Je n'aurai de repos que quand vous me les aurez expliquées. Je vous supplie de me les faire entendre, autant du moins que votre discrétion vous le permettra, puisqu'il s'agit d'une dame.

Messer Guido se mit à rire. Accoudé à son oreiller, il regarda messer Betto dans les yeux.

— Ami, lui dit-il, la dame dont je vous ai parlé a plus d'un logis. Le jour où vous me vîtes l'allant visiter, je la trouvai dans la librairie de Santa-Maria-Novella. Et je n'entendis, par malheur, que la moitié de son discours, car elle me parla dans les deux langues qui coulent comme du miel de ses lèvres adorables ; elle me tint d'abord un discours dans la langue des Grecs, que je ne pus comprendre, puis elle me harangua dans le parler des Latins avec une merveilleuse sagesse. Et je fus si content de son entretien, que je la veux épouser.

— C'est pour le moins, dit messer Betto, une nièce de l'empereur de Constantinople, ou sa fille naturelle... Comment la nommez-vous ?

— S'il faut, répondit messer Guido, lui donner un nom d'amour, comme tout poète en donne à l'aimée, je la nommerai Diotime, en mémoire de Diotime de Mégare, qui montra le chemin aux amants de la Vertu. Mais elle se nomme publiquement la Philosophie, et c'est la plus excellente épouse que l'on puisse trouver. Je n'en veux point d'autre, et je jure les dieux que je lui serai fidèle jusqu'à la mort, qui met fin à la connaissance.

En entendant ce propos, messer Betto se frappa le front.

— Par Bacchus, dit-il, je n'avais pas deviné

l'énigme! Vous êtes, ami Guido, le plus subtil
esprit qui ait jamais brillé sous le lys rouge de
Florence. Je vous loue de prendre pour épouse
une si haute dame. Il naîtra sûrement de cette
union une nombreuse lignée de canzones, de
sonnets et de ballades. Je vous promets de
baptiser ces jolis enfants au son de ma flûte,
avec force dragées et devises galantes. Je me
réjouis d'autant plus de ces noces spirituelles
qu'elles ne vous empêcheront point, le temps
venu, d'épouser, selon la chair, quelque honnête dame de la ville.

— Ne le croyez point, répondit messer
Guido. Ceux-là qui célèbrent les noces de l'intelligence doivent laisser le mariage au vulgaire
profane, qui comprend les grands seigneurs,
les marchands et les artisans. Si vous aviez
fréquenté comme moi ma Diotime, vous sau-
riez, ami Betto, qu'elle distingue deux sortes
d'hommes, les uns qui, féconds seulement par
le corps, ne s'efforcent qu'à cette grossière
immortalité que procure la génération des
enfants; les autres, dont l'âme conçoit et
engendre ce qu'il convient à l'âme de produire,
c'est-à-dire le Beau et le Bien. Ma Diotime a

voulu que je fusse de ceux-ci, et je n'imiterai
point, contre son gré, les brutes prolifiques.

Messer Betto Bruneleschi n'approuvait point
cette résolution. Il représenta à son ami qu'il
fallait dans la vie se faire divers états appro-
priés aux différents âges, qu'après le temps
des plaisirs venait celui de l'ambition, et qu'il
convenait, au déclin de la jeunesse, de contracter
alliance dans une riche et noble famille, par
laquelle on eût accès aux grandes charges de
la République, telles que prieur des arts et
de la liberté, capitaine du peuple ou gonfalonier de justice.

Mais, voyant que son ami accueillait ces
conseils en retroussant la lèvre avec dégoût,
comme à l'approche d'une médecine amère, il
n'en dit pas plus sur ce sujet, de peur de le
fâcher et jugeant sage de s'en remettre au
temps dont la force change les cœurs et vient
à bout des plus fermes résolutions.

— Gentil Guido, fit-il gaiement, ta dame te
permet-elle du moins de prendre du plaisir
avec de jolies filles, et de te mêler à nos amu-
sements?

— Pour cela, répondit messer Guido, elle

n'en a pas plus de souci que des rencontres
que ce petit chien, que tu vois dormant au
pied de mon lit, peut faire dans la rue. Et,
dans le fait, ce sont des choses indifférentes,
à la condition de n'y donner soi-même aucun
prix.

Messer Betto quitta la place, un peu piqué de
ces dédains. Il gardait à son ami la plus vive
tendresse, mais il ne crut pas devoir le prier
trop instamment aux fêtes et aux jeux qu'il
donna pendant tout l'hiver avec une merveilleuse libéralité. Cependant les gentilshommes
de sa compagnie ressentaient impatiemment
l'injure que leur faisait le fils du seigneur
Cavalcante de' Cavalcanti en refusant de frayer
avec eux. Ils commencèrent à le railler sur ses
études et ses lectures, disant qu'à force de se
nourrir ainsi de parchemin, comme les moines
et les rats, il finirait par ressembler aux uns
et aux autres, qu'on ne lui verrait plus qu'un
museau pointu et trois grands poils de barbe
sous une capuce noire, et que Madonna Gemma
elle-même s'écrierait à ce spectacle : « O Vénus,
ma patronne ! en quel état les livres ont mis
mon beau saint Georges ! Il n'est plus bon qu'à

tenir, au lieu de lance, un roseau pour écrire. »
Ils l'appelaient contemplateur des demoiselles
araignées et petit trousse-jupes de madame
Philosophia. Encore ne s'en tenaient-ils pas à
ces railleries légères. Ils donnaient à entendre
qu'il était trop savant pour rester bon chrétien, qu'il s'adonnait aux sciences magiques et
conversait avec les démons.

— On ne se cache comme il fait, disaient-
ils, que pour tenir assemblée avec les diables
et les diablesses afin d'en obtenir de l'or au
prix d'impudicités dégoûtantes.

Enfin ils l'accusaient de donner dans cette
cabale d'Épicure qui avait naguère séduit un
empereur à Naples et un pape dans Rome et
qui menaçait de changer les peuples de la
chrétienté en un troupeau de pourceaux in-
différents à Dieu et à l'âme immortelle. « Il
sera bien avancé, concluaient-ils, quand, à force
d'étudier, il ne croira plus en la Sainte Tri-
nité ! » Ce bruit qu'ils semaient était le plus
redoutable et il pouvait en arriver malheur à
messer Guido.

Messer Guido Cavalcanti savait bien qu'on le
raillait dans les compagnies de l'attachement

qu'il avait aux choses éternelles. C'est pourquoi il fuyait les vivants et cherchait les morts.

En ce temps-là, l'église de San Giovanni était entourée de tombeaux romains. Messer Guido y venait bien souvent à l'*Ave Maria* et il y méditait encore dans le silence de la nuit. Il croyait, sur la foi des chroniques, que ce beau San Giovanni avait été un temple païen avant d'être une église chrétienne, et cette pensée plaisait à son âme amoureuse des mystères antiques. Il était surtout charmé par la vue de ces tombes sur lesquelles le signe de la croix n'avait point été tracé, mais qui portaient des inscriptions latines et qu'ornaient des figures d'hommes et de dieux. C'étaient de longues cuves de marbre blanc, et sur les parois de ces cuves on reconnaissait des banquets, des chasses, la mort d'Adonis, le combat des Lapithes et des Centaures, la chasteté d'Hippolyte, les Amazones. Messer Guido lisait curieusement les inscriptions et cherchait le sens de ces fables. Une des tombes l'occupait plus que toutes les autres, parce qu'il y voyait deux Amours tenant chacun un flambeau, et il était curieux de connaître la

nature de ces deux Amours. Or, une nuit
qu'il y songeait plus obstinément que de coutume, une ombre s'éleva au-dessus du couvercle de ce tombeau, et c'était une ombre lumineuse; on eût dit la lune qu'on voit ou qu'on
croit voir dans un nuage. Elle prit peu à peu
la forme d'une belle vierge et parla d'une voix
plus douce que le chant des roseaux agités par
le vent :

« — Moi, celle qui dort dans ce tombeau,
dit-elle, j'ai nom Julia Læta. Je perdis la
lumière pendant le festin de mes noces, à
l'âge de seize ans, trois mois et neuf jours.
Depuis lors, suis-je ou ne suis-je pas? Je ne
sais. N'interroge point les morts, étranger, car
ils ne voient rien, et une nuit épaisse les
environne. On dit que ceux-là qui connurent
les joies cruelles de Vénus errent dans une
épaisse forêt de myrtes. Pour moi, qui mourus
vierge, je dors un sommeil sans rêves. On a
gravé deux Amours sur la pierre de mon sépulcre. L'un donne aux humains la lumière du
jour; l'autre la vient éteindre à jamais dans
leurs tendres yeux. Ils ont même visage et
sourient tous deux, parce que le naître et le

mourir sont deux frères jumeaux et que tout
est joie aux dieux immortels. J'ai dit. »

La voix se tut comme le murmure des
feuilles quand cesse le vent. L'ombre claire
s'effaça aux lueurs de l'aube qui blanchissait
les collines; les tombeaux de San Giovanni
redevinrent muets et pâles dans l'air matinal.
Et messer Guido songea :

— La vérité que je pressentais m'est appa-
rue. N'est-il pas écrit au livre dont se servent
les prêtres : « Les morts ne te loueront point,
Seigneur? » Les morts n'ont point de connaissance, et le divin Epicure fut sage d'affranchir
les vivants des vaines terreurs de la vie future.

Une troupe de cavaliers qui passait sur la
place rompit brusquement la paix de ses méditations. C'était Messer Betto Bruneleschi et sa
compagnie qui s'en allaient chasser les grues
dans le ruisseau de Peretola.

— Hé! dit l'un d'eux, qui avait nom Bocca,
voici Messer Guido le philosophe, qui nous
méprise pour notre honnêteté, notre gentillesse
et notre joyeuse vie. Il a l'air transi.

— Ce n'est pas sans raison, répliqua Messer
Dore, qui passait pour facétieux. Sa dame la

lune, que durant la nuit il baise tendrement,
s'en est allée dormir derrière les collines avec
quelque berger. Il en est dévoré de jalousie.
Voyez comme il est jaune !

Ils poussèrent leurs chevaux entre les tombes et se tinrent en cercle autour de Messer
Guido.

— Ami Dore, reprit Messer Bocca, madame
la lune est trop ronde et claire pour un si noir
galant. Si vous voulez connaître ses dames,
elles sont ici. Il va les trouver dans leur lit où
il risque d'être piqué moins par les puces que
par les scorpions.

— Fi ! fi ! le vilain nécroman ! dit en se
signant Messer Giordano, voilà où conduit le
savoir ! On renie Dieu et l'on fornique dans les
cimetières païens.

Appuyé au mur de l'église, Messer Guido
laissait dire les cavaliers. Quand il jugea qu'ils
avaient vidé sur lui toute la mousse de leurs
cervelles légères :

— Seigneurs cavaliers, fit-il en souriant,
vous êtes chez vous. Je suis votre hôte et la
courtoisie m'oblige à recevoir vos offenses sans
y répondre.

Ayant dit, il sauta par-dessus les tombes et
se retira tranquillement. Ils se regardèrent
l'un l'autre, stupéfaits. Puis, éclatant de rire,
ils donnèrent de l'éperon à leurs chevaux.
Pendant qu'ils galopaient sur le chemin de
Peretola, Messer Bocca dit à Messer Betto :

— Vous ne douterez plus que ce Guido ne
soit devenu fou. Il nous a dit que nous étions
chez nous dans le cimetière. Et pour tenir un
tel propos il faut être hors de raison.

— Il est vrai, répondit Messer Betto, que je
ne conçois pas ce qu'il a voulu nous faire
entendre en parlant de la sorte. Mais il a coutume de s'exprimer obscurément, par subtiles
paraboles. Il nous a jeté là un os qu'il faudrait
ouvrir pour en trouver la moelle.

— Pardieu ! s'écria Messer Giordano, je donne
à mon chien cet os et le païen qui l'a jeté.

Ils atteignirent bientôt le ruisseau de Peretola, d'où l'on voit les grues s'élever en troupes
à la pointe du jour. Pendant la chasse, qui fut
abondante, Messer Betto Bruneleschi ne cessait
de se remémorer les paroles de Guido. Et, à
force d'y songer, il en découvrit le sens. Il
appela à grands cris Messer Bocca :

— Messer Bocca, venez çà! Je devine à présent ce que Messer Guido nous voulait faire entendre. Il nous a dit que nous étions chez nous, dans un cimetière, parce que les ignorants sont semblables aux morts qui, selon la doctrine épicurienne, n'ont point de connaissance.

Messer Bocca répondit, en haussant les épaules, qu'il s'entendait à faire voler mieux que personne un sacre de Flandres, à jouer du couteau avec ses ennemis et à culbuter une fille, et que c'était là des connaissances suffisantes pour sa condition.

Messer Guido Cavalcanti continua quelques années encore à étudier la science d'amour. Il renferma ses pensées dans des canzones, qu'il n'est pas permis à tous d'expliquer, et il en fit un livre qui fut porté, ceint de lauriers, dans des triomphes. Puis, comme les âmes les plus pures ne sont point sans alliage de passions terrestres, comme la vie nous emporte les uns et les autres dans son cours sinueux et troublé, il advint qu'au tournant de la jeunesse, Messer Guido fut séduit par les grandeurs de la chair et par les puissances de ce monde. Il épousa,

4.

dans un dessein ambitieux, la fille du seigneur
Farinata degli Uberti, celui-là qui jadis avait
rougi l'Arbia du sang des Florentins. Il se
jeta dans les querelles des citoyens avec l'ardente fierté de son âme. Et il prit pour dames
madame Mandetta et madame Giovanna qui
représentaient l'une les Albigeois, l'autre les
Gibelins. C'était le temps où Messer Dante
Alighieri était prieur des Arts et de la Liberté.
La ville se trouva partagée en deux camps
ennemis, celui des Blancs et celui des Noirs.
Un jour que les principaux citoyens étaient
réunis sur la place des Frescobaldi, les Blancs
d'un côté, les Noirs de l'autre, pour assister
aux obsèques d'une noble dame, les docteurs
et les chevaliers siégeaient, selon la coutume,
sur des bancs élevés et devant eux les jeunes
gens étaient assis par terre, sur des nattes de
jonc. Un de ceux-là s'étant levé pour ajuster
son manteau, ceux qui se trouvaient vis-à-vis
de lui crurent qu'il les menaçait. Ils se levèrent
à leur tour et mirent l'épée à la main. Tout le
monde dégaina et les parents de la morte eurent
grand'peine à séparer les combattants.

Depuis lors, Florence fut non plus une ville

joyeuse du travail de ses artisans, mais une forêt pleine de loups qui se dévoraient entre eux. Messer Guido prit part à ces fureurs. Il devint sombre, inquiet et farouche. Chaque jour, il échangeait des coups d'épée avec les Noirs dans ces rues de Florence où jadis il avait médité sur la nature de l'âme. Après avoir senti plus d'une fois sur sa chair le poignard des assassins, il fut exilé avec sa faction et confiné en la ville empestée de Sarzana. Six mois, il y languit dans la fièvre et dans la haine. Et quand les Blancs furent rappelés, il revint mourant dans sa ville.

En l'an 1300, le troisième jour après l'Assomption de la bienheureuse vierge Marie, il eut la force de se traîner jusqu'à son beau San Giovanni. Accablé de fatigue et de douleur, il se coucha sur la tombe de Julia Læta, qui lui avait jadis révélé les mystères ignorés des profanes. C'était l'heure où les cloches tintent dans l'air tout frémissant des adieux du soleil. Messer Betto Bruneleschi, qui, revenant de sa maison des champs, passait sur la place, vit, au milieu des tombeaux, deux yeux de gerfaut allumés dans un visage décharné, et, reconnaissant l'ami de sa jeunesse, il fut saisi de surprise et de pitié.

Il s'approcha de lui, l'embrassa comme aux jours passés, et lui dit en soupirant :

— Mon Guido, mon Guido, quel feu t'a donc ainsi consumé? Tu brûlas ta vie dans la science d'abord, et puis dans les affaires publiques. Je t'en prie, éteins un peu l'ardeur de ton âme ; ami, ménageons-nous et, comme dit Riccardo, le forgeron, faisons feu qui dure.

Mais Guido Cavalcanti se mit la main sur les lèvres.

— Chut! fit-il, chut! ne parlez point, ami Betto. J'attends ma dame, celle par qui je vais être consolé de tant de vaines amours qui dans ce monde m'ont trahi et que j'ai trahies. Il est également cruel et vain de penser et d'agir. Cela je le sais. Le mal n'est pas tant de vivre, car je vois que tu te portes bien, ami Betto, et que beaucoup d'autres se portent de même. Le mal n'est pas de vivre, mais de savoir qu'on vit. Le mal est de connaître et de vouloir. Heureusement qu'il est un remède à cela. Ne parlons plus : j'attends la dame envers qui je n'eus jamais de tort, car jamais je n'ai douté qu'elle ne fût douce et fidèle, et j'ai connu par méditation combien le dormir sur son sein est paisible et sûr. On a conté bien des fables sur son lit et ses demeures. Mais je n'ai point cru les mensonges des ignorants. Aussi vient-elle à moi comme l'amie à l'ami, le front ceint de fleurs et les lèvres riantes.

Ayant dit, il se tut et tomba mort sur la tombe antique. Son corps fut inhumé sans grands honneurs dans le cloître de Sainte-Marie-Nouvelle.

III

LUCIFER

> *E si compiacque tanto Spinello di farlo orribile e contrafatto, che si dice (tanto può alcuna fiata l'immaginazione) che la detta figura da lui dipinta gli apparve in sogno, domandandolo dove egli l'avesse veduta si brutta...*
> *(Vite de' più eccellenti pittori, da M. Giorgio Vasari. — Vita di Spinello.)*

Le Tafi, peintre et mosaïste florentin, avait grand peur des diables, surtout en ces heures de la nuit où il est donné aux puissances du mal de prévaloir dans les ténèbres. Et les craintes du Tafi n'étaient point sans raison, car les démons avaient alors sujet de haïr les peintres, qui leur arrachaient plus d'âmes avec un seul tableau que ne le savait faire un bon petit frère en trente sermons. En effet, le moine, pour inspirer aux fidèles une terreur salutaire, leur décrivait de son mieux le jour de colère qui doit réduire le siècle en poudre, au témoignage de David et de la Sibylle. Il grossissait sa voix et soufflait dans ses mains pour imiter la trompette de l'Ange. Mais autant en emportait le vent. Tandis qu'une peinture étalée sur le mur d'une chapelle ou d'un cloître, représentant Jésus-Christ assis pour juger les vivants et les morts, parlait sans cesse aux regards des pêcheurs et corrigeait par les yeux ceux qui avaient péché par les yeux ou autrement. C'était le temps où des maîtres habiles figuraient à Santa-Croce de Florence et au Campo-Santo de Pise les mystères de la justice divine. Ces ouvrages étaient tracés suivant la relation en rime que Dante Alighieri, homme très savant en théologie et en droit canon, fit autrefois de son voyage à l'enfer, au purgatoire et au paradis, où, par les mérites extraordinaires de sa dame, il pénétra vivant. Aussi, tout, dans ces peintures, était-il instructif et véritable, et l'on peut dire qu'on tire moins de profit à lire une chronique très ample qu'à contempler de telles images. Et les maîtres florentins prenaient soin de peindre, à l'ombre des bois d'orangers, sur l'herbe émaillée de fleurs, des dames et des cavaliers que la Mort guettait avec sa faux, tandis qu'ils devisaient d'amour au son des luths et des violes. Rien n'était plus propre à convertir ces pécheurs charnels qui boivent l'oubli de Dieu sur les lèvres des femmes. Pour l'amendement des avares, le peintre représentait au naturel les diables versant de l'or fondu dans la bouche de l'évèque ou de l'abbesse qui lui avait commandé quelque travail et l'avait mal payé. C'est pourquoi les démons étaient alors ennemis des peintres, et spécialement des peintres de Florence qui l'emportaient sur tous les autres par la subtilité de l'esprit. Ils leur reprochaient surtout de les représenter sous un aspect hideux, avec des têtes d'oiseau ou de poisson, des corps de serpent et des ailes de chauve-souris. Leur ressentiment sera rendu manifeste par l'histoire de Spinello.

Spinello Spinelli, d'Arezzo, était issu d'une noble famille d'exilés florentins. La gentillesse

5

de son esprit égalait celle de sa naissance. Car
il fut le plus habile peintre de son temps. Il
accomplit de grands travaux à Florence. Les
Pisans lui demandèrent d'orner, après Giotto,
les murs de ce saint cloître où les morts repo-
sent sous des roses dans une terre apportée de
Jérusalem. Or, ayant longtemps travaillé dans
les villes et gagné beaucoup d'argent, il voulut
revoir la bonne cité d'Arezzo, sa mère. Les
Arétins n'avaient pas oublié que Spinello,
dans sa jeunesse, inscrit à la confrérie de
Sainte-Marie de la Miséricorde, avait, lors de la
peste de l'an 1383, visité les malades et enseveli
les morts. Ils lui savaient gré d'avoir, par ses
ouvrages, répandu la gloire d'Arezzo sur toute
la Toscane. C'est pourquoi ils le reçurent avec
de grands honneurs. Encore plein de force en
son vieil âge, il se chargea de grandes tâches
dans sa ville. Sa femme lui disait :

— Tu es riche. Prends du repos, et laisse
aux jeunes gens le soin de peindre à ta place.
Le repos est sage au déclin de l'âge. Il convient
d'achever la vie dans un calme doux et pieux.
C'est tenter Dieu que d'élever sans cesse les
œuvres profanes comme des Babel. Spinello,

si tu t'obstines dans tes enduits et tes couleurs, tu y perdras la paix de l'esprit.

Ainsi parlait cette bonne femme. Mais il ne
l'écoutait pas. Il ne songeait qu'à accroître son
bien et sa renommée. Loin de se reposer, il fit
prix avec les fabriciens de Sant' Agnolo pour
une histoire de saint Michel qui devait couvrir
tout le chœur de l'église et renfermer une
infinité de personnages. Il se jeta dans cette
entreprise avec une merveilleuse ardeur. Reli-
sant les endroits de l'Écriture dont il se devait
inspirer, il en étudiait profondément chaque
ligne et chaque mot. Non content de dessiner
tout le jour dans son atelier, il travaillait au
lit et à table. Et le soir, en se promenant au
pied de la colline où s'élève Arezzo, fière de
ses murs et de ses tours, il méditait encore.
Et l'on peut dire que l'histoire de l'Archange
était toute peinte dans son cerveau quand il
commença d'en esquisser les sujets, au crayon
rouge, sur l'enduit du mur. Il eut bientôt fait
de tracer ces contours; puis il se mit à peindre au-dessus du maître-autel la scène qui
devait paraître avec plus d'éclat que les autres.
Car il convenait d'y glorifier le chef des

— Aussi bien, dit le peintre, n'avaient-ils pas attaqué le vrai Dieu, mais seulement une idole des païens. Cela est considérable. Le fait est certain, Lucifer, que vous avez levé l'étendard de la révolte contre le roi véritable de la terre et du ciel.

— Je n'en disconviens pas, répondit Lucifer. De combien de sorte de péchés me charges-tu pour cela ?

— On peut bien vous en donner sept, répondit le peintre, et tous capitaux.

— Sept! dit l'Ange des Ténèbres, le nombre est théologique. Tout va par sept dans mon histoire qui est étroitement mêlée à celle de l'Autre. Spinello, tu me tiens pour orgueilleux, colère et envieux. Je consens à l'être, à condition que tu reconnaisses que la gloire seule me fit envie. Me tiens-tu pour avare ? J'y consens encore. L'avarice est une vertu pour les princes. Quant à la gourmandise et à la luxure, si tu m'en fais un grief, je ne m'en fâcherai pas. Reste la paresse.

En prononçant ce mot, Lucifer croisa ses bras sur sa cuirasse et, secouant sa tête sombre, agita sa chevelure enflammée :

— Spinello, penses-tu vraiment que je sois
paresseux ? Me crois-tu lâche, Spinello ? Estimes-
tu que, dans ma révolte, j'ai manqué de
courage ? Non. Il était donc juste de me peindre sous les traits d'un audacieux, avec un fier
visage. On ne doit faire tort à personne, pas
même au diable. Ne vois-tu pas que tu offenses
Celui que tu pries, quand tu lui donnes pour
adversaire un monstrueux crapaud ? Spinello,
tu es bien ignorant pour ton âge. J'ai grande
envie de te tirer les oreilles comme à un mauvais écolier.

A cette menace et voyant déjà le bras de
Lucifer étendu sur lui, Spinello porta la main
à sa tête et se mit à hurler d'épouvante.

Sa bonne femme, réveillée en sursaut, lui
demanda quel mal il avait. Il lui répondit,
en claquant des dents, qu'il venait de voir
Lucifer et qu'il avait tremblé pour ses oreilles.

— Je te l'avais bien dit, lui répondit cette
bonne femme, que toutes ces figures que tu
t'entêtes à peindre sur les murs finiraient par
te rendre fou.

— Je ne suis pas fou, dit le peintre. Je l'ai
vu ; et il est beau, quoique triste et fier. Dès

demain j'effacerai la figure horrible que j'ai
peinte et je mettrai à la place celle que j'ai
vue en songe. Car il ne faut pas faire tort
même au diable.

— Tu ferais bien de dormir, répliqua la
femme. Tu tiens des discours insensés et peu
chrétiens.

Spinello essaya de se lever, mais il n'en
eut point la force et il retomba, sans connaissance, sur l'oreiller. Il languit encore quelques
jours dans la fièvre, et puis mourut.

A Mademoiselle Mary Finaly.

IV

LES PAINS NOIRS

Tu tibi divitias stolidissime congeris amplas.
Negasque micam pauperi :
Advenit ecce dies qua saevis ignibus ardens
Rogabis aquae guttulam.
              (Navis stultifere 1507. f° xl.c).

En ce temps-là, Nicolas Nerli était banquier
dans la noble ville de Florence. Quand sonnait
tierce, il était assis à son pupitre, et quand
sonnait none, il y était assis encore, et il y
faisait tout le jour des chiffres sur ses tablettes.
Il prêtait de l'argent à l'Empereur et au Pape.
Et, s'il n'en prêtait pas au diable, c'est qu'il
craignait de faire de mauvaises affaires avec
celui qu'on nomme le Malin, et qui abonde en
ruses. Nicolas Nerli était audacieux et défiant.

Il avait acquis de grandes richesses et dépouillé
beaucoup de gens. C'est pourquoi il était honoré
dans la ville de Florence. Il habitait un palais
où la lumière que Dieu créa n'entrait que par
des fenêtres étroites ; et c'était prudence, car
le logis du riche doit être comme une citadelle,
et ceux qui possèdent de grands biens font
sagement de défendre par force ce qu'ils ont
acquis par ruse.

Donc, le palais de Nicolas Nerli était muni
de grilles et de chaînes. Au dedans, les murs
étaient peints par d'habiles ouvriers qui y
avaient représenté les Vertus sous l'apparence
de femmes, les patriarches, les prophètes et les
rois d'Israël. Des tapisseries, tendues dans les
chambres, offraient aux yeux les histoires
d'Alexandre et de Tristan, telles qu'elles sont
contées dans les romans. Nicolas Nerli faisait
éclater sa richesse, dans la ville, par des fondations pieuses. Il avait élevé hors les murs un
hôpital dont la frise, sculptée et peinte, représentait les actions les plus honorables de sa
vie ; en reconnaissance des sommes d'argent
qu'il avait données pour l'achèvement de Sainte-
Marie-Nouvelle, son portrait était suspendu

dans le chœur de cette église. On l'y voyait
agenouillé, les mains jointes, aux pieds de la
très sainte Vierge. Et il était reconnaissable à
son bonnet de laine rouge, à sa huque fourrée,
à son visage noyé de graisse jaune et à ses
petits yeux vifs. Sa bonne femme, Mona Bis-
mantova, l'air honnête et triste, et telle qu'on
ne pensait pas que personne eût jamais pris
d'elle quelque plaisir, se tenait de l'autre côté
de la Vierge, dans l'humble attitude de la
prière. Cet homme était un des premiers
citoyens de la République ; comme il n'avait
jamais parlé contre les lois, et parce qu'il
n'avait point souci des pauvres ni de ceux que
les puissants du jour condamnent à l'amende
et à l'exil, rien n'avait diminué dans l'opinion
des magistrats l'estime qu'il s'était acquise à
leurs yeux par sa grande richesse.

Rentrant, un soir d'hiver, plus tard que de
coutume dans son palais, il fut entouré, au
seuil de sa porte, par une troupe de mendiants
à demi nus qui tendaient la main.

Il les écarta par de dures paroles. Mais la
faim les rendait farouches et hardis comme des
loups. Ils se formèrent en cercle autour de lui

et lui demandèrent du pain d'une voix plaintive et rauque. Il se baissait déjà pour ramasser des pierres et les leur jeter, quand il vit venir un de ses serviteurs qui portait sur sa tête une corbeille de pains noirs, destinés aux hommes de l'écurie, de la cuisine et des jardins.

Il fit signe au pannetier d'approcher et, puisant à pleines mains dans la corbeille, il jeta les pains aux misérables. Puis, rentré en sa maison, il se coucha et s'endormit. Dans son sommeil, il fut frappé d'apoplexie et mourut si soudainement qu'il se croyait encore dans son lit quand il vit, en un lieu « muet de toute lumière », saint Michel illuminé d'une clarté sortie de son corps.

L'archange, ses balances à la main, chargeait les plateaux. Reconnaissant dans le côté le plus lourd les joyaux des veuves qu'il gardait en gage, la multitude de rognures d'écus qu'il avait indûment retenues, et certaines pièces d'or très belles, que lui seul possédait, les ayant acquises par usure ou par fraude, Nicolas Nerli connut que c'était sa vie, désormais accomplie, que saint Michel pesait en ce moment devant lui. Il devint attentif et soucieux.

— Messer san Michele, dit-il, si vous mettez d'un côté tout le gain que j'ai fait dans ma vie, placez de l'autre, s'il vous plaît, les belles fondations par lesquelles j'ai manifesté magnifiquement ma piété. N'oubliez ni le dôme de Sainte-Marie-Nouvelle, auquel j'ai contribué pour un bon tiers; ni mon hôpital hors les murs, que j'ai bâti tout entier de mes deniers.

— N'ayez crainte, Nicolas Nerli, répondit l'Archange. Je n'oublierai rien.

Et de ses mains glorieuses il posa dans le plateau le plus léger le dôme de Sainte-Marie et l'hôpital avec sa frise sculptée et peinte. Mais le plateau ne s'abaissa point.

Le banquier en conçut une vive inquiétude.

— Messer saint Michel, reprit-il, cherchez bien encore. Vous n'avez mis de ce côté de la balance ni mon beau bénitier de Saint-Jean, ni la chaire de Saint-André, où le baptême de Notre-Seigneur Jésus-Christ est représenté au naturel. C'est un ouvrage qui m'a coûté fort cher.

L'Archange mit la chaire et le bénitier par-dessus l'hôpital dans le plateau qui ne descendit point. Nicolas Nerli commença de sentir son front inondé d'une sueur froide.

— Messer Archange, demanda-t-il, êtes-vous
sûr que vos balances sont justes?

Saint Michel répondit en souriant que, pour
n'être point sur le modèle des balances dont
usent les lombards de Paris et les changeurs
de Venise, elles ne manquaient nullement
d'exactitude.

— Quoi! soupira Nicolas Nerli tout blême,
ce dôme, cette chaire, cette cuve, cet hôpital
avec tous ses lits, ne pèsent donc pas plus qu'un
fêtu de paille, qu'un duvet d'oiseau!

— Vous le voyez, Nicolas, dit l'Archange, et
jusqu'ici le poids de vos iniquités l'emporte de
beaucoup sur le faix léger de vos bonnes œuvres.

— Je vais donc aller en enfer, dit le Florentin.

Et ses dents claquaient d'épouvante.

— Patience, Nicolas Nerli, reprit le peseur
céleste, patience! nous n'avons pas fini. Il nous
reste ceci.

Et le bienheureux Michel prit les pains
noirs que le riche avait jetés la veille aux pauvres. Il les mit dans le plateau des bonnes
œuvres qui descendit soudain, tandis que
l'autre remontait, et les deux plateaux restèrent
de niveau. Le fléau ne penchait plus ni à droite

ni à gauche et l'aiguille marquait l'égalité parfaite des deux poids.

Le banquier n'en croyait pas ses yeux.

Le glorieux Archange lui dit :

— Tu le vois, Nicolas Nerli, tu n'es bon ni
pour le ciel ni pour l'enfer. Va! retourne à
Florence! multiplie dans ta ville ces pains que
tu as donnés de ta main, la nuit, sans que
personne ne te vît; et tu seras sauvé. Car ce
n'est pas assez que le ciel s'ouvre au larron
qui se repentit et à la prostituée qui pleura.
La miséricorde de Dieu est infinie : elle sau-
vera même un riche. Sois celui-là. Multiplie
les pains dont tu vois le poids dans mes balances. Va!

Nicolas Nerli se réveilla dans son lit. Il résolut de suivre le conseil de l'Archange et de
multiplier le pain des pauvres pour entrer dans
le royaume des cieux.

Pendant les trois années qu'il passa sur la
terre après sa première mort, il fut pitoyable
aux malheureux et grand aumônier.

A *Eugène Müntz*.

V

LE JOYEUX BUFFALMACCO

> *Buonamico di Cristofano detto Buf-
> falmacco pittore Fiorentino, il qual
> fu discepolo d'Andrea Tafi, e come
> uomo burlevole celebrato da Messer
> Giovanni Boccaccio nel suo Decamerone,
> fu come si sa carissimo compagno di
> Bruno e di Calendrino pittori ancor essi
> faceti e piacevoli, e, come si può vedere
> nell'opere sue sparse per tutta Toscana,
> di assai buon giudizio nell'arte sua del
> dipignere.*
>
> (*Vite de' più eccellenti pittori, da
> M. Giorgio Vasari. — Vita di Buona-
> mico Buffalmacco.*)

I

LES BLATTES

En sa première jeunesse, Buonamico Cristofani, Florentin, surnommé Buffalmacco pour
son humeur joyeuse, fit son apprentissage dans
l'atelier d'Andrea Tafi, peintre et mosaïste. Or

le Tafi était un maître habile. Étant allé à
Venise alors qu'Apollonius revêtait de mosaïques
les murs de San Marco, il avait surpris par ruse
des secrets que les Grecs gardaient soigneusement. De retour dans sa ville, il se rendit si
fameux dans l'art de composer des tableaux
par l'assemblage d'une infinité de petits carrés
de verre diversement colorés, qu'il ne pouvait
suffire aux demandes qu'on lui faisait de ces
sortes d'ouvrages et que, chaque jour, depuis
matines jusqu'à vêpres, il était occupé dans
quelque église, sur un échafaud, à représenter
le Christ mort ou le Christ dans sa gloire, les
patriarches, les prophètes ou l'histoire de Job
ou celle de Noé. Et comme il était jaloux aussi
de peindre à la fresque, avec des couleurs
broyées, dans la manière des Grecs, qui était
alors la seule connue, il ne prenait jamais de
repos et n'en donnait jamais à ses apprentis. Il
avait coutume de leur dire :

— Ceux-là qui comme moi possèdent de
beaux secrets et excellent dans leur art doivent
avoir sans cesse l'esprit et le bras tendus à
leurs entreprises, afin de gagner beaucoup
d'argent et de laisser une longue mémoire.

Et si je ne m'épargne point la peine, tout
vieux et cassé que je suis, vous devez travailler à
me servir de toutes vos forces, qui sont neuves,
pleines et entières.

Et pour que ses couleurs, ses pâtes de verre
et ses enduits fussent préparés dès la pointe
du jour, il obligeait ces jeunes garçons à se
lever au milieu de la nuit. Or, rien n'était plus
pénible à Buffalmacco, qui avait coutume de
souper longuement, et se plaisait à courir les
rues à l'heure où tous les chats sont gris. Il se
couchait tard et dormait de bon cœur, ayant,
après tout, la conscience tranquille. Aussi,
quand la voix aigre du Tafi le réveillait dans
son premier somme, il se retournait sur
l'oreiller et faisait la sourde oreille. Mais le
maître ne se lassait point d'appeler. Au besoin,
il entrait dans la chambre de l'apprenti et
avait bientôt fait de tirer les couvertures et de
verser le pot à eau sur la tête du dormeur.

Buffalmacco, rechignant et à demi chaussé,
s'en allait broyer les couleurs dans l'atelier
noir et froid, et il songeait, tout en broyant et
maugréant, aux moyens d'éviter à l'avenir une
si cruelle disgrâce. Il chercha longtemps sans

rien trouver d'utile ni de bon, mais son esprit n'était point stérile : il y germa, une fois, à la pointe du matin, une idée profitable.

Pour la mettre à exécution, Buffalmacco attendit le départ du maître. Dès qu'il fit jour, le Tafi, selon sa coutume, mit dans la poche de sa robe le flacon de vin de Chianti et les trois œufs durs qui composaient son déjeuner ordinaire, et, ayant recommandé aux élèves de faire fondre les verres d'après les règles, et de prendre toute la peine possible, il s'en alla travailler dans cette église de San Giovani qui est merveilleusement belle et construite par un artifice admirable dans la manière des anciens. Il y exécutait alors des mosaïques représentant les Anges, les Archanges, les Chérubins, les Séraphins, les Puissances, les Trônes et les Dominations ; les principales actions de Dieu, depuis la création de la lumière jusqu'au déluge ; l'histoire de Joseph et de ses douze frères, l'histoire de Jésus-Christ depuis le moment où il fut conçu dans le ventre de sa mère jusqu'à son ascension au ciel, et la vie de Saint-Jean-Baptiste. Comme il se donnait beaucoup de mal pour incruster les pâtes dans le ciment et

pour les assembler artistement, il attendait de
ce grand ouvrage et de cette multitude de
figures profit et gloire. Donc, sitôt que le maître
fut parti, Buffalmacco se hâta de préparer l'entreprise qu'il avait conçue. Il descendit dans
la cave qui, communiquant avec celle d'un
boulanger, était pleine de blattes attirées là par
l'odeur des sacs de farine. On sait que les blattes
ou escarbots pullulent dans les boulangeries,
dans les hôtelleries et dans les moulins. Ce
sont des insectes plats et puants, qui traînent
gauchement sur de longues pattes velues leur
carapace [1] jaunâtre.

Au temps des guerres qui ensanglantaient
l'Arbia et nourrissaient les oliviers du sang
des gentilshommes, ces insectes dégoûtants
avaient deux noms dans la Toscane : les Florentins les appelaient des siennois et les Siennois les appelaient des florentins [2].

Le bon Buffalmacco sourit en les voyant

1. Il faudrait dire leurs élytres. Carapace est un terme impropre, tout à fait impropre. Il s'agit ici de la blatte orientale,
répandue dans l'Europe entière.

2. On les appelle en Russie des Prussiens, en Prusse des
Russes. En France, des cafards.

cheminer comme, dans une joute enchantée,
les écus minuscules d'une foule de chevaliers
nains.

— Oh! oh! se dit-il, ce sont des hannetons
tristes. Ils n'aimaient point le printemps et
Jupiter les a punis de leur apathie. Il les a
condamnés à ramper dans l'ombre sous le
poids de leurs ailes inutiles, enseignant par là
aux hommes à jouir de la vie dans la saison
des amours.

Ainsi Buffalmacco se parlait à lui-même, car
il était enclin, comme le reste des humains, à
retrouver dans la nature le symbole de ses
passions et de ses sentiments, qui étaient de
boire, de se divertir avec des femmes de bien
et de dormir son content dans un lit chaud en
hiver et frais en été.

Mais comme il n'était pas descendu dans la
cave pour y méditer sur les devises et les
emblèmes, il accomplit bientôt ses desseins. Il
prit deux douzaines de ces blattes, sans égard
pour le sexe ni pour l'âge, et les mit dans un
sac qu'il avait apporté. Puis il alla cacher le
sac sous son lit, et rentra dans l'atelier où ses
camarades Bruno et Calandrino peignaient, sur

les dessins du maître, le bon saint François recevant les stigmates, et devisaient des moyens d'endormir la jalousie de Memmi le savetier, dont la femme était belle et accommodante.

Buffalmacco, qui n'était pas moins habile, tant s'en faut, que ses deux camarades, monta à l'échelle et se mit à peindre les ailes du crucifix séraphique qui descendit du ciel pour faire au Bienheureux les cinq plaies amoureuses. Il eut soin de nuer le céleste plumage des plus fines teintes de l'arc-en-ciel. Cet ouvrage l'occupa tout le jour et, quand le vieux Tafi revint de San Giovanni, il ne put s'empêcher de donner quelques louanges à son élève. Il lui en coûta, car l'âge et la richesse l'avaient rendu maussade et méprisant.

— Mes fils, dit-il aux apprentis, ces ailes sont colorées avec assez d'éclat. Et Buffalmacco parviendrait très avant dans l'art de la peinture, s'il s'y appliquait plus obstinément. Mais il songe trop à faire la débauche. On ne vient à bout des grandes entreprises que par un labeur opiniâtre. Et Calendrino, que voici, deviendrait, par son application, votre maître à tous, s'il n'était point un imbécile.

C'est de la sorte que le Tafi enseignait ses élèves
avec une juste sévérité. Ayant parlé selon son
cœur, il s'en alla souper, dans la cuisine, d'un
petit poisson salé; puis il monta dans sa chambre,
se coucha dans son lit et ne tarda pas à ronfler. Cependant Buffalmacco fit son tour accou-
tumé dans tous les lieux de la ville où l'on
trouve du vin pour peu d'argent et des filles à
meilleur compte encore. Après quoi il regagna
son logis une demi-heure environ avant le moment où le Tafi avait l'habitude de se réveiller.
Il tira le sac de dessous son lit, prit les blattes
une à une et leur attacha sur le dos, au moyen
d'une aiguille courte et fine, une petite chandelle de cire. A mesure qu'il allumait les
chandelles, il lâchait les blattes dans la chambre. Ces bêtes sont assez stupides pour ne point
sentir la douleur, ou du moins pour n'en
point être étonnées. Elles se mirent à cheminer sur le plancher, d'un pas que la surprise
et quelque vague crainte rendait un peu plus
rapide que de coutume. Et bientôt elles se
mirent à décrire des cercles, non parce que
cette figure, comme dit Platon, est parfaite,
mais par l'effet de l'instinct qui pousse les

insectes à tourner en rond, pour échapper à
tout danger inconnu. Buffalmacco, de son lit
où il s'était jeté, les regardait faire et s'applau-
dissait de son artifice. Et vraiment rien n'était
merveilleux comme ces feux imitant en petit
l'harmonie des sphères, telle qu'elle est repré-
sentée par Aristote et par ses commentateurs.
On ne voyait point les blattes, mais seulement
les lumières qu'elles portaient, et qui sem-
blaient des lumières vivantes. Au moment où
ces lumières formaient dans l'obscurité de la
chambre plus de cycles et d'épicycles que
Ptolémée et les Arabes n'en observèrent jamais
en suivant la marche des planètes, la voix
du Tafi s'éleva, aigrie par la pituite et par la
colère.

— Buffalmacco! Buffalmacco! criait le bonhomme, en toussant et crachant, réveille-toi,
Buffalmacco! Debout, drôle! Dans moins d'une
heure, il fera grand jour. Il faut que les puces
de ton lit soient faites comme des Vénus pour
que tu tardes tant à les quitter. Debout, fainéant! Si tu ne te lèves tout de suite, je vais
te tirer hors des draps par les cheveux et les
oreilles.

6

C'était ainsi que le maître appelait chaque
nuit son élève, dans le grand zèle qu'il avait
pour la peinture et la mosaïque. Ne recevant
pas de réponse, il chaussa ses chausses sans
prendre le temps d'y entrer au-dessus du
genou et il s'en alla cahin-caha à la chambre
de l'apprenti. C'est ce qu'attendait le bon Buffalmacco. Au bruit que faisaient dans l'escalier
les pas du vieux maître, l'apprenti tourna le
nez contre le mur et feignit de dormir profondément. Et le Tafi criait sur les montées :

— Holà ! holà ! le beau dormeur, je saurai
vous tirer de vos rêves, quand bien même vous
songeriez présentement que les onze mille
Vierges se coulent dans votre lit pour vous prier
de les rendre savantes.

Ce disant, le Tafi poussa rudement la porte
de la chambre.

Mais, voyant des feux qui couraient tout le
long du plancher, il resta coi sur le palier et
se mit à trembler de tous ses membres.

— Ce sont des diables, pensa-t-il, il n'en
faut point douter. Ce sont des diables et de
malins esprits. Ils cheminent avec quelque idée
de la mathématique, en quoi il m'apparaît que

leur puissance est grande. Les démons sont
portés à haïr les peintres qui les représentent
sous une forme hideuse, au rebours des anges
que nous figurons dans la gloire, ceints de
l'auréole et soulevant leurs ailes éblouissantes.
Ce malheureux garçon est entouré de diables
et j'en compte mille, pour le moins, autour de
son grabat. C'est, sans doute, qu'il aura fâché
Lucifer lui-même, dont il fit quelque affreux
portrait. Il n'est que trop probable que ces dix
mille diablotins vont sauter sur lui et l'emporter tout vif en enfer. C'est sûrement la fin
qui l'attend. Hélas ! j'ai moi-même représenté,
en mosaïque ou autrement, les diables sous
une très vilaine apparence et ils ont quelque
raison de m'en vouloir.

Cette pensée redoubla sa peur et, remontant
ses chausses, il n'osa affronter les cent mille
follets qu'il avait vus circulant avec des corps
de feu, et descendit l'escalier de toute la vitesse
de ses vieilles jambes. Buffalmacco riait sous
ses draps. Il dormit cette fois jusqu'au jour,
et depuis lors le maître n'osa plus l'aller réveiller.

II

L'ASCENSION DU TAFI

Andrea Tafi, Florentin, ayant été choisi pour
décorer de mosaïques la coupole de San Giovanni, menait en perfection ce grand ouvrage.
Et toutes les figures étaient traitées dans la
manière grecque, dont le Tafi avait pris connaissance durant son séjour à Venise, où il avait
vu des ouvriers occupés à décorer les murailles
de San Marco. Même il avait amené de cette
ville à Florence un Grec nommé Apollonius
qui savait de beaux secrets pour peindre avec
des pierres. Cet Apollonius était un habile
homme et bien subtil. Il connaissait les mesures
qu'il convient de donner aux diverses parties

du corps humain et les matières qu'il faut employer pour composer le meilleur ciment.

Craignant que ce Grec ne portât son savoir et son adresse chez quelque autre peintre de la ville, Andrea Tafi ne le quittait ni jour ni nuit. Il l'emmenait chaque matin à San Giovanni, et il le ramenait chaque soir dans sa propre maison, devant San Michele, et il l'y faisait coucher avec ses deux apprentis, Bruno et Buffalmacco, dans une chambre séparée seulement par une cloison de la chambre où il couchait lui-même. Et, comme il s'en fallait d'un demi-pied que cette cloison ne montât jusqu'aux poutres du plancher, on entendait dans une des pièces tout ce qui se disait dans l'autre.

Or le Tafi était un homme de bonnes mœurs et pieux. Il ne ressemblait point à ces peintres qui, au sortir des églises où ils ont représenté Dieu créant le monde et Jésus dans les bras de sa bienheureuse Mère, vont dans les maisons de débauche jouer aux dés, sonner de la trompe, boire du vin et caresser des filles. Il s'était toujours contenté de sa bonne femme, bien qu'elle n'eût pas été faite et formée par

6

le Créateur de toutes choses de manière à
donner grand plaisir aux hommes. Car elle
était très sèche et très aigre personne. Et après
que Dieu l'eût tirée de ce monde pour la recevoir dans son sein, selon sa miséricorde,
Andrea Tafi ne prit pas d'autre femme par
mariage ni autrement. Mais il garda la conti-
nence qui convenait à son vieil âge, lui épar-
gnait les dépenses et les soucis et plaisait au
Seigneur qui récompense dans l'autre monde
les privations qu'on se donne en celui-ci.
Andrea Tafi était chaste, sobre et de bon
propos.

Il faisait exactement ses oraisons et, couché
dans son lit, il ne s'endormait jamais sans
avoir invoqué la sainte Vierge en la manière
que voici :

— Sainte Vierge, mère de Dieu, qui par vos
mérites avez été tirée toute vive au ciel, tendez-
moi votre main pleine de grâces, afin de
me hausser jusqu'au saint paradis où vous êtes
assise dans une chaise d'or.

Et cette invocation, le Tafi ne la marmottait
pas entre les dents qui lui restaient. Mais il la
prononçait d'une grosse voix et bien forte,

estimant que c'est le ton, comme on dit, qui
fait la chanson et qu'il faut crier si l'on veut
être entendu. Et il est de fait que l'oraison de
maître Andrea Tafi était entendue chaque soir
du Grec Apollonius et des deux jeunes Florentins qui couchaient dans la pièce voisine. Or,
il se trouvait qu'Apollonius était d'humeur
facétieuse, et tout semblable en cela à Bruno et
à Buffalmacco. Et tous trois avaient grande
démangeaison de jouer quelque tour au maître
qui se montrait homme juste et craignant
Dieu, mais avaricieux et dur. C'est pourquoi il
advint qu'une certaine nuit, ayant ouï le bonhomme adresser à la sainte Vierge sa prière
accoutumée, les trois compagnons se mirent à
rire sous leurs couvertures et à se moquer
grandement. Et, dès qu'ils l'entendirent ronfler,
ils se demandèrent l'un à l'autre, à voix basse,
quelle moquerie ils pourraient bien lui faire.
Sachant la grande peur que le vieillard avait
du diable, Apollonius proposa d'aller, habillé
de rouge, cornu et masqué, le tirer par les
pieds hors de son lit. Mais le bon Buffalmacco
leur parla comme il suit:

— Ayons soin de nous munir demain d'une

bonne corde et d'une poulie, et je vous promets de vous donner, la nuit prochaine, un divertissement agréable.

Apollonius et Bruno étaient curieux de savoir à quoi serviraient la poulie et la corde, mais Buffalmacco ne voulut point le dire. Ils promirent toutefois de lui procurer sûrement ce qu'il demandait. Car ils savaient qu'il avait l'esprit le plus joyeux du monde et le plus fertile en inventions plaisantes, pourquoi on l'appelait Buffalmacco. Et, de vrai, il savait de bons tours, dont on a fait, depuis, des contes.

Les trois amis, n'ayant plus rien qui les tint éveillés, s'endormirent sous la lune qui, regardant à la lucarne, tournait la fine pointe de ses cornes du côté du vieux Tafi. Leur sommeil ne cessa qu'au petit jour, quand le maître frappa rudement du poing la cloison et cria, toussant et crachant à sa coutume :

— Debout, maître Apollonius ! Debout, les deux apprentis ! Voic' le jour. Phébus a soufflé les chandelles célestes ! Hâtez-vous ! Le temps est court et l'ouvrage est long.

Et déjà il menaçait Bruno et Buffalmacco

d'aller les réveiller avec un seau d'eau froide.
Et il leur disait en se moquant :

— Votre lit vous est cher. La dame de Bar-
banique se trouve-t-elle dedans que vous avez
tant de peine à le quitter?

Cependant il passait ses chausses et sa vieille
huque. Après quoi, il sortit de sa chambre et
trouva sur le palier les compagnons tout
habillés et chargés de leurs outils.

Ce matin-là, dans le beau San Giovanni, sur
la charpente qui montait jusqu'à la corniche,
l'ouvrage fut d'abord mené de bon cœur.
Depuis huit jours, le maître s'efforçait de bien
exprimer aux yeux, selon les règles de l'art, le
baptême de Jésus-Christ. Et il avait commencé
de mettre des poissons dans les eaux du Jourdain. Apollonius préparait le ciment avec du
bitume et de la paille hachée, en prononçant
des paroles que lui seul savait ; Bruno et Buffalmacco choisissaient les pierres qu'il convenait d'employer et le Tafi les disposait conformément au modèle tracé sur une ardoise qu'il
tenait devant lui. Mais, dans le moment que
le maître était le plus occupé à cet ouvrage,
les trois compagnons descendirent lestement

l'échelle et sortirent de l'église. Bruno alla
querir hors les murs, dans la maison de
Calendrin, une poulie qui servait à monter
le blé au grenier. Dans le même temps, Apollonius courait à Ripoli chez la vieille femme
d'un juge à laquelle il avait promis un philtre
pour attirer les amoureux, et, comme il lui fit
croire que le chanvre était nécessaire pour
composer le philtre, elle prit la bonne corde
du puits et la lui donna.

Les deux amis s'en furent ensuite à la maison du Tafi où ils trouvèrent Buffalmacco qui
s'occupa tout de suite de fixer solidement la
poulie à la maîtresse poutre de la charpente,
au-dessus de la cloison qui séparait la chambre
du maître de celle des apprentis. Puis, ayant
fait passer sur la poulie la corde du puits de
la matrone, il en laissa pendre un bout dans
ladite chambre et il s'en fut dans la chambre
du Tafi attacher à l'autre bout de la corde le
lit par les quatre coins. Il eut soin que la
corde fût cachée sous les courtines, en sorte
qu'on ne pût s'apercevoir de rien. Et quand
cela fut fait, les trois compagnons retournèrent
à San Giovanni.

Le maître qui, dans l'ardeur du travail, avait
à peine remarqué leur absence, leur dit tout
joyeux :

— Voyez que ces poissons brillent de
diverses couleurs et particulièrement d'or, de
pourpre et d'azur, comme il convient à la race
des monstres qui peuplent l'océan et les fleuves,
et dont l'éclat n'est si merveilleux que parce
qu'ils furent soumis les premiers à l'empire
de la déesse Vénus, ainsi qu'il est expliqué
dans la fable.

Le maître discourait en cette manière pleine
de gentillesse et de bonne doctrine. Car il
était un homme de savoir et d'esprit, bien que
d'humeur noire et très âcre, surtout quand sa
pensée se tendait vers le gain. Et il disait
encore :

— N'est-ce pas un bel état et bien digne de
louanges que celui de peintre, par lequel on
acquiert des richesses en ce monde et la félicité dans l'autre ? Car il est certain que Notre-
Seigneur Jésus-Christ recevra avec reconnaissance, dans son saint paradis, les ouvriers
qui, comme moi, firent son portrait véritable.

Et le Tafi se réjouissait d'accomplir ce grand
ouvrage de mosaïque dont plusieurs parties se
voient encore aujourd'hui. Et quand la nuit
vint effacer dans l'église les formes et les couleurs, il abandonna à regret le fleuve Jourdain
et regagna sa maison. Il soupa à la cuisine de
deux tomates et d'un peu de fromage, monta
dans sa chambre, se déshabilla sans chandelle
et se mit au lit.

Dès qu'il y fut étendu, il fit à la sainte
Vierge sa prière accoutumée :

— Sainte Vierge, mère de Dieu, qui par
vos mérites avez été tirée toute vive au ciel,
tendez-moi vos mains pleines de grâces, afin
de me hausser jusqu'au saint paradis !

C'est le moment qu'attendaient dans la
chambre voisine les trois compagnons.

Ils saisirent le chanvre qui pendait de la
poulie le long de la cloison, et le bonhomme
avait à peine fini sa prière que, sur un signe
de Buffalmacco, ils tirèrent la corde si
vigoureusement que le lit qui y était attaché
commença de s'élever. Maître Andrea, se sen-
tant hissé sans voir par quel moyen, se mit
dans la tête que c'était la sainte Vierge qui

exauçait son vœu et l'attirait au ciel. Il eut grand'peur et se mit à crier d'une voix tremblante :

— Arrêtez, arrêtez, Madame ! Je n'ai pas demandé que ce fût tout de suite.

Et comme, par l'effet de la corde qui glissait sur la poulie, le lit montait encore, le vieillard se mit à supplier la Vierge Marie très lamentablement :

— Bonne dame, ne tirez point ainsi ! Holà ! Lâchez, lâchez, vous dis-je !

Mais elle ne semblait point l'ouir. De quoi il se fâcha très fort et cria :

— Il faut que vous soyez sourde ou plutôt que vous ayez une tête de bois. Lâchez, *Sporca Madonna !*...

Voyant qu'il quittait tout de bon le plancher de la chambre, sa frayeur s'accrut, et, s'adressant à Jésus, il le supplia de faire entendre raison à sa sainte Mère. Il n'était que temps, disait-il, qu'elle renonçât à cette malencontreuse assomption. Pécheur, fils de pécheur qu'il était, il ne pouvait monter au ciel avant d'avoir parfait le fleuve Jourdain, ses flots et ses poissons, et le reste de l'histoire

7

de Notre-Seigneur. Cependant le ciel du lit touchait presque aux poutres de la charpente. Et le Tafi criait :

— Jésus, si vous laissez faire votre sainte Mère un moment de plus, le toit de cette maison, qui m'a coûté fort cher, sera crevé sûrement. Car je vois bien que je vais passer au travers. Arrêtez ! arrêtez ! J'entends craquer les tuiles.

Buffalmacco s'aperçut qu'à ce moment la voix du maître s'étranglait tout à fait dans sa gorge. Il ordonna à ses compagnons de lâcher la corde, ce qu'ils firent et fut cause que le lit, précipité du haut en bas de la chambre, s'abîma sur le plancher, à grand fracas, les pieds rompus, les ais disjoints ; du coup, les colonnes s'écroulèrent, et le ciel, avec les courtines et les rideaux, s'abattit sur maître Andrea qui, pensant étouffer, hurlait comme un diable. Et, l'âme étonnée d'un si rude choc, il doutait s'il était retombé dans sa chambre ou précipité dans l'enfer.

Alors les trois apprentis accoururent à lui, comme réveillés par le bruit. En voyant les ruines du lit au milieu d'une épaisse poussière,

ils feignirent la surprise, et, au lieu de secourir le
maître, ils lui demandèrent si c'était le diable
qui avait fait ces ravages. Mais il soupirait :

— Je n'en puis plus; tirez-moi de là; je
me meurs !

Ils l'ôtèrent enfin des débris sous lesquels il
était près de rendre l'âme et l'assirent adossé
au mur. Il souffla, toussa, cracha et dit :

— Mes enfants, sans l'aide de Notre-Seigneur
Jésus-Christ, qui m'a repoussé à terre avec une
force extrême dont vous voyez les effets, je
serais présentement dans ce cercle du ciel
nommé cristallin et premier mobile. Sa sainte
Mère ne voulait rien entendre. Dans ma chute,
j'ai perdu trois dents qui, sans être bien
entières, me rendaient encore service. Je sens
de plus une douleur insupportable au côté
droit et dans le bras qui tient les pinceaux.

— Maître, dit Apollonius, il faut que vous
ayez quelque blessure intérieure et très maligne. J'ai éprouvé à Constantinople, dans les
séditions, que les plaies du dedans sont plus
funestes que celles du dehors. Mais ne craignez
rien, je vais charmer les vôtres par des paroles
magiques.

— Gardez-vous-en bien ! répondit le vieillard
Ce serait pécher. Mais approchez tous trois et
rendez-moi le service, s'il vous plaît, de me frot-
ter le corps aux endroits où j'ai le plus de mal.

Ils firent ce qu'il demandait et ne le quit-
tèrent qu'après lui avoir tout usé la peau du
dos et des reins.

Les bons garçons allèrent tout aussitôt semer
cette histoire par la ville. En sorte que, le lendemain, il n'y avait homme, femme ni enfant
dans Florence qui pût voir maître Andrea Tafi
sans lui éclater de rire au nez. Or, un matin
que Buffalmacco passait sur le Corso, Messer
Guido, le fils du seigneur Cavalcanti, qui allait
au marais chasser les grues, arrêta son cheval,
appela l'apprenti et lui jeta sa bourse, en lui
disant :

— Voilà, gentil Buffalmacco, pour boire à la
santé d'Épicure et de ses disciples.

Il faut savoir que Messer Guido était de la
secte des épicuriens et qu'il prenait soin de
rassembler des arguments contre l'existence de
Dieu. Il avait coutume de dire que la mort
des hommes est du tout semblable à celle des
animaux.

— Buffalmacco, ajouta le jeune seigneur, si je t'ai donné cette bourse, c'est pour te payer de l'expérience très belle, ample et profitable que tu fis en envoyant au ciel le vieux Tafi, lequel voyant sa carcasse prendre le chemin de l'empyrée, commença de crier comme un cochon qu'on saigne. Par quoi je discerne qu'il ne s'assurait point en la promesse des joies célestes qui, aussi bien, sont peu certaines. Comme les nourrices font des contes aux enfants, on a semé des discours touchant l'immortalité des mortels. Le vulgaire croit qu'il croit ces discours, mais il ne les croit pas véritablement. Les coups de la réalité dispersent les mensonges des poètes. Il n'est de sûr que cette triste vie. Horatius Flaccus est de ce sentiment quand il dit : *Serus in cœlum*.

III

LE MAITRE

Ayant appris l'art de préparer et d'employer les enduits et les couleurs, ainsi que le secret de peindre des figures dans la bonne manière de Cimabué et de Giotto, le jeune Buonamico Cristofani, Florentin, surnommé Buffalmacco, abandonna l'atelier de son maître Andrea Tafi et alla s'établir dans le quartier des foulons, tout contre la maison de Tête-d'Oie. Or, en ce temps-là, comme des dames jalouses de porter des robes brodées de fleurs, les villes d'Italie mettaient leur orgueil à couvrir de peintures leurs églises et leurs cloîtres. Florence se montrait libérale et magnifique entre toutes ces

villes, et c'était là, pour un peintre, qu'il était
bon de vivre. Buffalmacco savait donner à ses
figures le mouvement et l'expression; et, bien
qu'il restât fort au-dessous du divin Giotto
pour la beauté du dessin, il plaisait par la
riante abondance de ses inventions. Aussi
reçut-il bientôt des commandes en assez grand
nombre. Il ne tenait qu'à lui d'acquérir
promptement des richesses et de la gloire. Mais
son plus grand souci était de se divertir en
compagnie de Bruno di Giovanni et de Nello,
et de dissiper avec eux, en débauches, tout
l'argent qu'il gagnait.

Or, l'abbesse des dames de Faenza, établies à
Florence, résolut, en ce temps-là, de faire orner
de fresques l'église du monastère. Ayant appris
qu'il se trouvait dans le quartier des foulons
et des cardeurs un peintre habile, appelé
Buffalmacco, elle lui envoya son intendant afin
de s'entendre avec lui au sujet de ces peintures.
Le maître, ayant accepté le prix qu'on lui
offrait, entreprit l'ouvrage. Il fit élever un
échafaud dans l'église du monastère, et, sur
l'enduit encore frais, commença de peindre,
avec une merveilleuse vigueur, l'histoire de

Jésus-Christ. Il représenta tout d'abord, à la droite de l'autel, le massacre des Saints-Innocents, et réussit à exprimer si vivement la douleur et la rage des mères, s'efforçant en vain d'arracher leurs chers petits aux bourreaux, qu'il semblait que le mur chantât comme les fidèles à l'office : « *Cur, crudelis Herodes ?...* » Attirées par la curiosité, les nonnes venaient, deux ou trois ensemble, voir travailler le maître. Devant ces mères désolées et ces enfants meurtris, elles ne pouvaient se défendre de crier et de pleurer. Buffalmacco avait représenté un nourrisson, couché dans ses langes, qui souriait en suçant son pouce, entre les jambes d'un soldat. Les nonnes demandaient grâce pour celui-là.

— Épargnez-le, disaient-elles au peintre : Prenez garde que quelqu'un de ces hommes ne le voie et ne le tue !

Le bon Buffalmacco répondait :

— Pour l'amour de vous, chères sœurs, je le défendrai de mon mieux. Mais ces bourreaux sont emportés d'une telle fureur, qu'il sera difficile de les arrêter.

Quand elles disaient : « Ce petit enfant est

si mignon!... » il leur offrait d'en faire à chacune un plus mignon encore.

— Grand merci! répondaient-elles en riant.

L'abbesse vint à son tour s'assurer de ses yeux que l'ouvrage était bien conduit. C'était une dame de grande naissance, nommée Usimbalda. Elle était sévère, hautaine et vigilante. Voyant un homme qui travaillait sans manteau ni chaperon, et n'ayant, comme les artisans, que sa chemise et ses chausses, elle le prit pour quelque apprenti et dédaigna de lui adresser la parole. Cinq ou six fois elle revint à la chapelle, sans y trouver jamais que celui qu'elle croyait bon seulement à broyer les couleurs. A la fin, elle lui en témoigna son déplaisir.

— Mon garçon, lui dit-elle, priez de ma part votre maître de venir travailler lui-même aux peintures que je lui ai commandées. J'entends qu'elles soient de sa main, et non de celle d'un apprenti.

Buffalmacco, loin de se faire connaître, prit l'air et le ton d'un pauvre ouvrier, et répondit humblement à madame Usimbalda qu'il voyait bien qu'il n'était pas fait pour inspirer de la

7.

confiance à une si noble dame, et que son
devoir était de lui obéir.

— Je rapporterai, ajouta-t-il, vos paroles à
mon maître, et il ne manquera pas de se
rendre aux ordres de madame l'abbesse.

Sur cette assurance, madame Usimbalda sortit. Buffalmacco, dès qu'il se vit seul, disposa sur
l'échafaud, à l'endroit même où il travaillait,
deux escabeaux, avec une cruche par-dessus.
Puis, tirant du coin où il les avait rangés son
manteau et son chapeau qui, d'aventure, se
trouvaient en assez bon état, il en vêtit le
mannequin improvisé; de plus, il emmancha
un pinceau dans le bec de la cruche, qui
regardait la muraille. Cela fait, et s'étant assuré
que cette machine avait assez l'air d'un homme
occupé à peindre, il décampa lestement, résolu
à ne plus reparaître avant la fin de l'aventure.

Le lendemain, les nonnes firent aux peintures leur visite coutumière. Mais, trouvant à la
place du joyeux compagnon, un gentilhomme
fort roide et qui semblait peu disposé à parler
et à rire, elles eurent peur et prirent la fuite.

Madame Usimbalda, s'étant rendue à son

tour à l'église, se réjouit tout au contraire de voir le maître au lieu de l'apprenti.

Elle lui fit de grandes recommandations et l'exhorta, durant un bon quart d'heure, à peindre des figures chastes, nobles et expressives, avant de s'apercevoir qu'elle parlait à une cruche.

Sa méprise eut duré plus longtemps encore, si, impatientée de ne point recevoir de réponse, elle n'eût d'en bas tiré le maître par son manteau et culbuté de la sorte cruche, escabeau, chaperon et pinceau. Elle se mit d'abord fort en colère. Puis, comme elle ne manquait pas d'intelligence, elle comprit qu'on avait voulu lui faire entendre qu'il ne faut pas juger l'artiste à l'habit. Elle envoya son intendant chercher Buffalmacco, et le pria d'achever lui-même l'ouvrage commencé.

Il s'en tira très habilement. Les connaisseurs admiraient particulièrement dans ces fresques Jésus en croix, les trois Maries pleurant, Judas pendu à un arbre et un homme qui se mouche. Par malheur, ces peintures ont été détruites avec l'église du couvent des dames de Faenza.

IV

LE PEINTRE

Également fameux par son humeur facétieuse et par son habileté à peindre des figures dans les églises et dans les cloîtres, Buonamico, surnommé Buffalmacco, n'était plus jeune quand il fut appelé de Florence dans la ville d'Arezzo par le seigneur évêque qui lui demanda d'orner de peintures les salles de l'évêché. Buffalmacco se chargea de ce travail, et sitôt que les murailles furent enduites de stuc, il commença de peindre l'adoration des Mages.

En peu de jours, il acheva de représenter le roi Melchior, monté sur un cheval blanc. On

eût dit qu'il vivait. La housse de son cheval
était d'écarlate et semée de pierres précieuses.

Or, tandis qu'il travaillait, le singe du seigneur évêque le regardait faire et ne le quittait pas des yeux. Que le peintre maniât les
tubes, mélangeât les couleurs, battit les œufs
ou mît avec le pinceau les touches sur l'enduit
encore frais, l'animal ne perdait pas un de
ses mouvements. C'était un macaque apporté
de Barbarie au doge de Venise sur une galère
de la République. Le doge en fit don à l'évêque
d'Arezzo qui remercia ce magnifique seigneur
en lui rappelant à propos que les navires du
roi Salomon avaient pareillement ramené du
pays d'Ophir des singes et des paons, ainsi
qu'il est dit au troisième Livre des Rois (X. 22).
Et le seigneur Guido (c'était le nom de l'évêque) n'estimait rien dans son palais plus précieux que ce macaque.

Il le laissait libre d'errer dans les salles et
dans les jardins où l'animal ne cessait point de
faire quelque malice. Un dimanche, en l'absence du peintre, il grimpa sur l'échafaud,
prit les tubes, mélangea les couleurs à sa fan-
taisie, cassa tous les œufs qu'il trouva et

commença de promener le pinceau sur le mur, ainsi qu'il avait vu faire. Il travailla sur le roi Melchior et sur le cheval et n'eut de cesse qu'après avoir tout repeint de sa main.

Le lendemain matin, Buffalmacco, trouvant ses couleurs bouleversées et son ouvrage gâté, en ressentit de la douleur et de la colère. Il se persuada que quelque peintre arétin, jaloux de son mérite, lui avait joué ce tour, et il alla s'en plaindre à l'évêque. Le seigneur Guido le pressa de se remettre à l'œuvre et de rétablir promptement ce qui avait été détruit de façon si mystérieuse. Il lui promit qu'à l'avenir, deux soldats seraient de garde jour et nuit devant les fresques, prêts à percer de leur lance quiconque approcherait. Sur cette promesse, Buffalmacco consentit à reprendre son travail et deux soldats furent mis en faction près de lui. Un soir, comme il venait de sortir, sa journée faite, ces soldats virent le singe du seigneur évêque sauter si lestement à sa place sur l'échafaud, et saisir en telle hâte les tubes et les brosses, qu'ils n'eurent point le temps de l'en empêcher. Ils appelèrent à grands cris le maître qui rentra dans la salle à temps pour voir le macaque repeindre une seconde fois, avec une merveilleuse ardeur, le roi Melchior et le cheval blanc et la housse d'écarlate. A cette vue, il lui prit envie à la fois de rire et de pleurer.

Il alla trouver l'évêque et lui dit :

— Seigneur évêque, vous aimez ma façon de peindre; mais votre magot en aime une autre. Il n'était pas besoin de me faire appeler, puisque vous aviez un maître chez vous. Peut-être manquait-il d'expérience. Mais maintenant qu'il n'a plus rien à apprendre, je n'ai que faire ici, et je retourne à Florence.

Ayant ainsi parlé, le bon Buffalmacco regagna son auberge, fort dépité. Il soupa sans appétit et s'alla coucher tristement.

Le singe du seigneur évêque lui apparut en rêve, non point en manière de demi-homme, tel qu'il était réellement, mais haut comme la montagne de San Gemigniano, et du bout de sa queue retroussée chatouillant la lune. Assis sur un bois d'oliviers, parmi les fermes et les pressoirs, entre ses jambes un chemin étroit courait le long des vignes joyeuses. Or, ce chemin était couvert d'une multitude de pèlerins, qui, marchant à la file, passaient l'un après l'autre devant le peintre. Et Buffalmacco reconnut les victimes innombrables de sa joyeuse humeur.

Il vit d'abord le vieux maître Andrea Tafi, de qui il avait appris comment on s'honore par la pratique des arts, et qu'il avait en retour maintes fois blasonné, lui faisant prendre pour démons de l'enfer des cierges piqués sur le dos d'une douzaine de grosses blattes, et le hissant dans son lit jusqu'aux solives du plancher, d'une telle manière que le bonhomme se crut élevé au ciel et eut grand peur.

Il vit Tête-d'Oie, le cardeur de laine, et sa femme si vaillante à filer. C'est dans la marmite de cette bonne femme que Buffalmacco jetait de grosses poignées de sel par une fente du mur, en sorte que Tête-d'Oie, chaque jour, crachait son potage et battait sa femme.

Il vit maître Simon de Villa, le médecin de Bologne, reconnaissable à son bonnet doctoral, celui-là même qu'il avait fait tomber dans la fosse aux ordures, près des Dames de Ripoli. Le docteur y gâta sa belle robe de velours, mais personne ne le plaignit, car, au mépris de sa

femme, laide mais chrétienne, il avait voulu
coucher avec la Schinchimure du prêtre Jean
qui a des cornes entre les fesses. Le bon Buffalmacco avait fait croire à maître Simon de
Villa qu'il le pourrait mener de nuit au Sabbat,
où lui-même, en joyeuse compagnie, faisait
l'amour avec la reine de France, qui lui donnait, pour sa peine, du vin et des épices. Le
docteur accepta l'invitation, espérant recevoir
un pareil traitement. Et Buffalmacco ayant
revêtu une peau de bête et mis un de ces mas-
ques cornus qu'on porte aux fêtes, se donna à
maître Simon pour un diable chargé de le
conduire au Sabbat. Il le prit sur ses épaules
et le mena jusqu'au bord d'un fossé plein
d'immondices, où il le lança la tête la première.

Buffalmacco vit ensuite Calendrin à qui il
avait persuadé qu'on trouve dans la plaine de
Mugnone la pierre nommée Eliotropie, qui a
la vertu de rendre invisible quiconque en porte
une sur soi. Il le mena à Mugnone en compagnie de Bruno da Giovanni, et lorsque Calendrin eut ramassé un assez grand nombre de
pierres, Buffalmacco feignit de ne plus le voir
et il s'écria : « Ce rustre nous a faussé compa-

gnie; si je le rattrape, je lui jetterai ce pavé
au derrière! » Et il adressa le pavé précisément
où il venait de dire, sans que Calendrin eût
sujet de se plaindre, puisqu'il était invisible.
Ce Calendrin n'avait point d'esprit, et Buffalmacco abusa de sa simplicité jusqu'à lui faire
croire qu'il était gros d'un enfant, et il en coûta
à Calendrin, pour sa délivrance, une paire de
chapons.

Buffalmacco vit ensuite le paysan pour qui
il avait peint la Sainte-Vierge avec l'enfant
Jésus, qu'il métamorphosa en ourson.

Il vit encore l'abbesse des religieuses de
Faenza qui l'avait chargé d'orner de peintures
les murailles de l'église conventuelle et à qui
il jura sa foi qu'il fallait mettre de bon vin
dans les couleurs, si l'on voulait que la chair
des personnages parût bien fleurie. L'abbesse
lui donna pour tous les saints et les saintes de
ses tableaux le vin réservé aux évêques, et il
le but, s'en tenant au vermillon pour aviver
le ton des chairs. C'est cette même dame
abbesse à qui il fit croire qu'un broc couvert
d'un manteau est un maître peintre, ainsi
qu'il a été rapporté ci-dessus.

Buffalmacco vit encore une longue file de gens qu'il avait blazonnés, raillés, dupés et bernés. Et derrière eux venait, avec sa crosse, sa mitre et sa chappe, le grand saint Herculan, qu'il avait plaisamment représenté sur la place de Pérouse, ceint d'une couronne de goujons.

Et tous en passant félicitaient le singe qui les avait vengés, et le monstre, ouvrant une gueule plus large que la porte de l'enfer, éclatait de rire.

Pour la première fois de sa vie, Buffalmacco avait passé une mauvaise nuit.

A Hugues Rebell.

VI

LA DAME DE VÉRONE

Puella autem moriens dixit : « Sata-
nas, trado tibi corpus meum cum anima
mea ». (Quadragesimale opus declama-
tum Parisiis in ecclesia Sti Johannis
in Gravia per venerabilem patrem
Sacræ scripturæ interpretem eximium
Ol. Maillardum. 1511.)

Ceci fut trouvé, par le R. P. Adone Doni, dans
les archives du couvent de Santa Croce, à Vérone.

Madame Eletta de Vérone était si merveilleusement belle et bien faite, que les clercs de
la ville, qui avaient connaissance de l'histoire
et de la fable, appelaient madame sa mère des
noms de Latone, de Léda et de Sémélé, donnant
ainsi à entendre qu'ils croyaient que son fruit
avait été formé en elle par un dieu Jupiter,

plutôt que par quelque homme mortel, comme
étaient le mari et les amants de ladite dame.
Mais les plus sages, notamment fra Battista,
qui fut avant moi gardien du couvent de Santa
Croce, estimaient qu'une telle beauté de chair
relevait de l'opération du diable, qui est artiste, au sens où l'entendait Néron, empereur
des Romains, quand il disait en mourant :
« Quel artiste périt ! » Et l'on ne peut douter
que l'ennemi de Dieu, Satan, qui est habile
à travailler les métaux, n'excelle aussi dans
l'œuvre de chair. Moi qui vous parle, ayant
une assez grande connaissance du monde, j'ai
vu maintes fois des cloches et des images
d'hommes fabriquées par l'ennemi du genre
humain. L'artifice en est admirable. J'eus pareillement connaissance d'enfants que le diable
fit à des femmes, mais sur ce sujet ma langue
est liée par le secret de la confession. Je me
bornerai donc à dire qu'on semait d'étranges
discours sur la naissance de madame Eletta.
Je vis cette dame pour la première fois sur la
place de Vérone, le saint vendredi de l'an 1320,
alors qu'elle venait d'accomplir sa quatorzième
année. Et je l'ai revue depuis sur les prome-

nades et dans les églises où fréquentent les
dames. Elle était semblable à une peinture
faite par un très bon ouvrier.

Elle avait des cheveux d'or crespelé, le front
blanc, les yeux d'une couleur qui ne se voit
qu'en la pierre précieuse nommée aigue-
marine, les joues roses, le nez droit et fin. Sa
bouche imitait l'arc de l'Amour et blessait en
souriant; et le menton était aussi riant que la
bouche. Tout le corps de madame Eletta était
fait à souhait pour le plaisir des amants. Ses
seins n'étaient point très gros; mais ils gon-
flaient la chemisette de deux pleines et bien
douces rondeurs jumelles. Tant à cause de mon
caractère sacré que parce que je ne l'ai vue
que voilée et couverte de ses habits de ville,
je ne vous décrirai pas les autres parties de
son corps, qui toutes annonçaient leur excellence à travers les tissus qui les couvraient. Je
vous dirai seulement que, se trouvant à sa
place accoutumée dans l'église de San Zenone,
elle ne pouvait faire un mouvement soit pour
se lever, soit pour s'agenouiller, ou se pros-
terner le front contre la dalle, comme il se
doit faire au moment de l'élévation du sacré

corps de Jésus-Christ, sans aussitôt inspirer
aux hommes qui la voyaient un ardent désir
de la tenir serrée contre eux.

Or, madame Eletta vint à épouser, vers l'âge
de quinze ans, messer Antonio Torlota, avocat,
qui était très savant homme, de bonne renommée et riche, mais déjà en son vieil âge,
et si épais et difforme, qu'en le voyant portant ses écritures en un grand sac de cuir, on
ne savait quel sac traînait l'autre.

C'était pitié de penser que, par l'effet du
sacrement de mariage, qui est institué sur
les hommes pour leur gloire et salut éternel, la plus belle dame de Vérone couchât
avec un si vieil homme, infirme et ruineux.
Et les sages virent avec plus de douleur que
de surprise que, profitant de la liberté que lui
laissait son mari, occupé toute la nuit de
résoudre des difficultés touchant le juste et
l'injuste, la jeune femme de Messer Antonio
Torlota recevait dans son lit les plus beaux
cavaliers de la ville. Mais le plaisir qu'elle y
prenait venait d'elle et non point d'eux. Elle
s'aimait et ne les aimait pas. Elle n'eut jamais
de goût que pour sa propre chair. Elle était à

soi-même son désir, son envie et ses blandices.
Par quoi il me semble que le péché de chair
était excessivement aggravé en elle. Car, bien
que ce péché nous sépare de Dieu, ce qui en
fait assez concevoir la gravité, il est vrai de
dire que les pécheurs charnels sont regardés
par le Souverain Juge, en ce monde et dans
l'autre, avec moins de colère que les avares,
les traîtres, les homicides et que les méchants
qui ont trafiqué des choses saintes, en tant que
les désirs mauvais que forment les hommes
sensuels, étant d'autrui, non d'eux-mêmes,
laissent paraître les restes avilis de l'amour
véritable et de la charité.

Mais rien de tel ne se montrait aux adul-
tères de madame Eletta, qui, dans toutes ses
amours, n'aimait qu'elle seule. Et en cela elle
était plus séparée de Dieu que tant d'autres
femmes qui ne résistèrent point à leurs désirs.
Mais ces désirs étaient d'autrui. Et ceux de
madame Eletta étaient d'elle. Ce que j'en dis
est pour mieux faire entendre la suite du récit.

A l'âge de vingt ans, elle fut malade et se
sentit mourir. Alors elle pleura son beau corps
avec une pitié profonde. Elle se fit revêtir par

ses femmes de ses plus riches atours, se regarda dans un miroir, se caressa des deux mains la poitrine et les hanches, afin de jouir une dernière fois de ses propres charmes. Et, ne consentant point à ce que ce corps adoré d'elle fût mangé des vers dans la terre humide, elle dit en expirant, avec un grand soupir de foi et d'espérance :

— Satan, bien-aimé Satan, prends mon âme et mon corps ; Satan, mon doux Satan, écoute ma prière : prends mon corps avec mon âme.

Elle fut porté à San Zenone, selon la coutume, à visage découvert ; et, de mémoire d'homme, l'on n'avait point vu de morte si belle. Pendant que les prêtres chantaient autour d'elle l'office des trépassés, elle semblait pâmée au bras d'un invisible amant. Après la cérémonie, le cercueil de madame Eletta, soigneusement scellé, fut mis en terre sainte, parmi les tombeaux qui entouraient l'église de San Zenone, et dont quelques-uns sont des sarcophages antiques. Mais le lendemain matin, la terre qu'on avait jetée sur la morte avait été enlevée, et l'on vit le cercueil ouvert et vide.

A J.-H. Rosny.

VII

L'HUMAINE TRAGÉDIE

Πᾶς δ᾽ ὀδυνηρὸς βίος ἀνθρώπων,
κοὐκ ἔστι πόνων ἀνάπαυσις.
ἄλλο τι τοῦ ζῆν φίλτερον, ἀλλ᾽ ὃ
σκότος ἀμπίσχων κρύπτει νεφέλαις.

(Eurip. Hipp. v. 190 et seq.).

I

FRA GIOVANNI

En ce temps-là, celui qui, né d'un homme,
était vrai fils de Dieu, et qui avait pris pour
sa dame celle à qui pas plus qu'à la Mort nul
n'ouvre la porte en souriant, le pauvre de
Notre Seigneur Jésus-Christ, saint François,
était monté au ciel. La terre, qu'il avait par-

fumée de ses vertus, gardait son corps nu et
la semence de ses paroles. Ses fils spirituels se
multipliaient parmi les peuples, car la bénédiction d'Abraham était sur eux.

Les rois et les reines ceignaient le cordon du
pauvre de Jésus-Christ. Les hommes en foule
cherchaient dans l'oubli de soi-même et du
monde le vrai contentement. Et, fuyant la joie,
ils la trouvaient.

L'ordre de Saint-François s'étendait sur toute
la chrétienté ; les maisons des pauvres du Seigneur couvraient l'Italie, l'Espagne, les Gaules
et les Allemagnes. Et une maison très sainte
s'élevait dans la ville de Viterbe. Fra Giovanni
y professait la pauvreté. Il vivait humble et
méprisé, et son âme était un jardin clos.

Il eut, par révélation, la connaissance des
vérités qui échappent aux hommes habiles et
prudents. Et, bien qu'il fût ignorant et simple,
il savait ce que ne savent point les docteurs du
siècle.

Il savait que le soin des richesses rend les
hommes méchants et misérables, et que, naissant pauvres et nus, ils seraient heureux s'ils
vivaient tels qu'ils naquirent.

Il était pauvre avec allégresse. Il se délectait dans l'obéissance. Et, renonçant à former des desseins, il goûtait le pain du cœur. Car le poids des actions humaines est inique, et nous sommes des arbres qui portent des fruits empoisonnés. Il craignait d'agir, car l'effort est douloureux et vain. Il craignait de penser, car la pensée est mauvaise.

Il était humble, sachant que l'homme n'a rien en propre dont il se puisse glorifier, et que la superbe endurcit les âmes. Et il savait encore que ceux qui n'ont, pour tout bien, que les richesses de l'esprit, s'ils en font gloire, s'abaissent par cet endroit jusqu'aux puissants de ce monde.

Et fra Giovanni passait en humilité tous les moines de la maison de Viterbe. Le gardien du couvent, le saint frère Silvestre, était moins bon que lui, parce que le maître est moins bon que le serviteur, la mère moins innocente que le petit enfant.

Voyant que fra Giovanni avait coutume de se dépouiller de sa robe pour en vêtir les membres souffrants de Jésus-Christ, le gardien lui défendit, au nom de la sainte obéissance, de

donner ses vêtements aux pauvres. Or, le jour
que cette défense lui avait été faite, Giovanni
alla, selon sa coutume, prier dans le bois qui
couvre les pentes du Cunino. On était en hiver.
La neige tombait et les loups descendaient
dans les villages.

Fra Giovanni, agenouillé au pied d'un chêne,
parla à Dieu comme un ami à un ami et le
supplia d'avoir pitié des orphelins, des veuves
et des prisonniers; pitié du maître du champ
que pressent rudement les usuriers lombards;
pitié des daims et des biches de la forêt pour-
suivis par les chasseurs, du lièvre et de l'oiseau
pris au piège. Et il fut ravi en extase, et il
vit une main dans le ciel.

Quand le soleil eut glissé derrière la montagne, l'homme de Dieu se leva et prit le chemin du couvent. Il rencontra, sur la route
blanche et muette, un pauvre qui lui demanda
l'aumône pour l'amour de Dieu.

— Hélas! lui répondit-il, je n'ai rien que ma
robe et le gardien m'a défendu de la couper
pour en donner la moitié. Je ne puis donc la
partager avec vous. Mais si vous m'aimez, mon
fils, vous me la déroberez tout entière.

Ayant entendu ces paroles, le pauvre dépouilla le moine de sa robe.

Et fra Giovanni s'en alla nu sous la neige qui tombait, et il entra dans la ville. Comme il traversait la place, n'ayant qu'un linge autour des reins, les enfants, qui jouaient et couraient, se moquèrent de lui. Pour lui faire injure, ils lui montraient le poing en passant le pouce entre l'index et le doigt du milieu, et ils lui jetaient de la neige mêlée de boue et de cailloux.

Il y avait sur la place publique des pièces de bois destinées à la charpente d'une maison. Une de ces pièces de bois était placée en travers sur les autres. Deux enfants vinrent se poser chacun à un bout de cette poutre et ils se balancèrent. Ces deux enfants étaient de ceux qui avaient raillé le saint et lui avaient jeté des pierres.

Il s'approcha d'eux en souriant, et il leur dit :

— Chers petits, me permettez-vous de partager votre jeu?

Et, s'étant assis à l'un des bouts de la poutre, il se balança avec les enfants.

Et des citoyens qui vinrent à passer dirent :

— En vérité, cet homme est hors de raison.

Mais après que les cloches eurent sonné l'*Ave Maria*, fra Giovanni se balançait encore. Et il advint que des prêtres de Rome, venus à Viterbe pour visiter les Frères mendiants, dont le renom était grand dans le monde, passèrent sur la place publique. Et ayant ouï les enfants qui criaient : « Voici le petit frère Giovanni, » ces prêtres s'approchèrent du moine et le saluèrent très honorablement. Mais le saint homme ne leur rendit point le salut, et, faisant comme s'il ne les voyait pas, il continua de se balancer sur la poutre branlante. Et les prêtres se dirent entre eux :

— Laissons cet homme. Il est tout à fait stupide.

Alors fra Giovanni se réjouit, et son cœur fut inondé de délices. Car ces choses, il les accomplissait par humilité et pour l'amour de Dieu. Et il mettait sa joie dans l'opprobre comme l'avare renferme son or dans un coffre de cèdre, armé d'une triple serrure.

A la nuit, il alla frapper à la porte du couvent. Et, ayant été admis au dedans, il parut nu, sanglant et souillé de fange. Il sourit et dit :

— Un voleur bienfaisant m'a pris ma robe et des enfants m'ont jugé digne de jouer avec eux.

Mais les frères s'indignaient qu'il eût osé traverser la ville en un état si peu honorable.

— Il ne craint point, disaient-ils, d'exposer aux risées et à la honte le saint ordre de Saint-François. Il mérite un châtiment très rude.

Le Général, averti qu'un grand scandale désolait le saint Ordre, assembla tous les frères du chapitre et fit mettre fra Giovanni à genoux au milieu d'eux. Le visage tout enflammé de colère, il le réprimanda d'une voix rude. Puis il consulta l'assemblée sur la peine qu'il convenait d'infliger au coupable.

Les uns voulaient qu'il fût mis en prison ou suspendu dans une cage au clocher de l'église. Les autres étaient d'avis qu'on l'enchaînât comme un fou.

Et fra Giovanni leur disait, tout joyeux :

— Vous avez bien raison, mes frères : je mérite ces châtiments, et de plus grands encore. Je ne suis bon qu'à perdre vainement tous les biens de Dieu et de mon Ordre.

Et le frère Marcien, qui était d'une grande

sévérité dans ses mœurs et dans ses maximes,
s'écria :

— N'entendez-vous point qu'il parle comme
un hypocrite et que cette voix mielleuse sort
d'un sépulcre blanchi?

Et fra Giovanni dit encore :

— Frère Marcien, je suis capable de toutes
les infamies, si Dieu ne me vient en aide.

Cependant le Général méditait la conduite
singulière de fra Giovanni, et il priait l'Esprit
saint de l'inspirer dans le jugement qu'il allait
rendre. Et, à mesure qu'il priait, sa colère se
changeait en admiration. Il avait connu saint
François, du temps que cet ange, né d'une
femme, était de passage sur la terre, et l'exemple du préféré de Jésus l'avait instruit dans la
beauté spirituelle.

C'est pourquoi la lumière se fit dans son
âme et il discerna dans les œuvres de fra Giovanni une céleste simplicité.

— Mes frères, dit-il, loin de blâmer notre
frère, admirons la grâce qu'il reçoit abondamment. En vérité, il est meilleur que nous. Ce
qu'il a fait, il l'a fait à l'imitation de Jésus-
Christ, qui laissait venir à lui les petits enfants

et qui souffrit que les bourreaux le dépouil-
lassent de ses vêtements.

Et il parla de la sorte au frère agenouillé :

— Mon frère, voici la pénitence que je vous
impose : Au nom de la sainte obéissance, je
vous ordonne d'aller dans la campagne et,
quand vous rencontrerez un pauvre, de le
prier de vous dépouiller de votre tunique. Et
quand il vous aura laissé nu, vous rentrerez
dans la ville et vous jouerez sur la place publique avec les enfants.

Ayant ainsi parlé, le Général descendit de sa
chaire et, relevant fra Giovanni, il s'agenouilla
devant lui et lui baisa les pieds. Puis, se tournant vers les moines assemblés, il leur dit :

— En vérité, mes frères, cet homme est le
jouet de Dieu.

II

LA LAMPE

En ce temps-là, fra Giovanni connut que les
biens de ce monde viennent de Dieu, et qu'ils
doivent être la part des pauvres, qui sont les
préférés de Jésus-Christ.

Les chrétiens célébraient la naissance du
Sauveur; et fra Giovanni était venu dans la
ville d'Assise. Cette ville est sur une montagne.
Et de cette montagne s'est levé le Soleil de
charité.

Or, l'avant-veille de Noël, fra Giovanni priait
agenouillé devant l'autel sous lequel saint
François repose dans une auge de pierre. Et il
méditait, songeant que saint François était né

dans une étable, comme Jésus. Et tandis qu'il méditait, le sacristain vint lui demander de vouloir bien garder l'église, pendant le temps qu'il souperait. L'église et l'autel étaient chargés d'ornements précieux. L'or et l'argent y abondaient, parce que les fils de saint François étaient déchus de la pauvreté première. Et ils avaient reçu les présents des reines.

Fra Giovanni répondit au sacristain :

— Mon frère, allez prendre votre repas. Et je garderai l'église au gré de Notre-Seigneur.

Et, ayant ainsi parlé, il continua sa méditation. Et, tandis qu'il était seul, en prière, une pauvre femme vint dans l'église et lui demanda l'aumône pour l'amour de Dieu.

— Je n'ai rien, répondit le saint homme ; mais l'autel est chargé d'ornements, et je vais voir si je ne pourrais pas vous en donner quelque chose.

Une lampe d'or pendait au-dessus de l'autel, toute garnie de sonnettes d'argent. Et, considérant cette lampe, il se dit à lui-même :

— Voici des sonnettes qui ne sont que de vains ornements. La véritable parure de cet autel, c'est le corps de saint François qui

9

repose nu sous la dalle avec une pierre pour
oreiller.

Et, tirant son couteau de sa poche, il déta-
cha les sonnettes l'une après l'autre et les donna
à la pauvre femme.

Et quand le sacristain, ayant pris son repas,
revint dans l'église, fra Giovanni, le saint de
Dieu, lui dit :

— Mon frère, ne vous inquiétez pas au sujet
des sonnettes qui se trouvaient à la lampe. Je
les ai données à une pauvre femme qui en
avait besoin.

Et fra Giovanni avait agi de la sorte parce
qu'il savait par révélation que toutes les choses
en ce monde, appartenant à Dieu, appartiennent
aux pauvres.

Et il fut blâmé sur la terre par les hommes
attachés aux richesses. Mais il fut trouvé loua-
ble aux regards de la bonté divine.

III

LE DOCTEUR SÉRAPHIQUE

Fra Giovanni n'était point avancé dans la connaissance des lettres, et il se réjouissait de son ignorance comme d'une source abondante d'humiliations.

Mais, ayant vu, dans le couvent de Sainte-Marie-des-Anges, plusieurs docteurs en théologie méditer sur les perfections de la Très Sainte-Trinité et sur les mystères de la Passion, il douta s'ils n'avaient pas plus que lui l'amour de Dieu, par l'effet d'une plus grande connaissance.

Il fut contristé dans son âme, et, pour la première fois, il tomba dans la tristesse. Et ce

sentiment était contraire à son état. Car la joie
est la part des pauvres.

Il résolut de porter son inquiétude au général
de l'Ordre, afin de s'en délivrer comme d'un
fardeau inique. Or, Giovanni di Fidanza était
alors général de l'Ordre.

Dans les langes, il avait reçu de saint François le nom de Bonaventure. Il avait étudié la
théologie à l'Université de Paris. Et il excellait
dans la science de l'amour, qui est la science
de Dieu. Il connaissait les quatre degrés qui
élèvent la créature au Créateur, et il méditait
le mystère des six ailes des chérubins. C'est
pourquoi il était nommé le docteur séraphique.

Et il savait que la science est vaine sans
l'amour. Fra Giovani l'alla trouver tandis qu'il
se promenait dans le jardin, sur la terrasse
qui domine la ville.

Ce jour était un dimanche. Et les artisans
de la ville et les paysans qui travaillent aux
vignes gravissaient, au pied de la terrasse, la rue
montueuse qui conduit à l'Église.

Et fra Giovanni, voyant frère Bonaventure
dans le jardin, au milieu des lys, s'approcha de
lui et dit:

— Frère Bonaventure, ôtez de mon esprit le doute qui me tourmente et répondez-moi. Un ignorant peut-il aimer Dieu avec autant d'amour qu'un savant?

Et frère Bonaventure répondit :

— Je vous le dis en vérité, fra Giovanni; une pauvre vieille femme peut égaler et surpasser en l'amour de Dieu tous les docteurs en théologie. Et comme la seule excellence de l'homme est dans l'amour, je vous le dis encore, mon frère : telle femme très ignorante sera élevée dans le ciel au-dessus des docteurs.

Fra Giovanni, en entendant ces paroles, fut comblé de joie. Et, se penchant sur le mur bas du jardin, il regarda avec amour les passants. Et il cria de toute sa voix :

— Femmes pauvres, simples et ignorantes, vous serez placées dans le ciel bien au-dessus de frère Bonaventure.

Et le docteur séraphique, au discours du bon frère, sourit parmi les lys du jardin.

IV

LE PAIN SUR LA PIERRE

Parce que le bon saint François avait dit à
ses fils: « Allez, et mendiez votre pain de porte
en porte », fra Giovanni fut, un jour, envoyé
dans une certaine ville. Ayant franchi le châtelet,
il alla par les rues mendier son pain de porte
en porte, selon la règle, pour l'amour de Dieu.

Mais les gens de cette ville étaient plus
avares que les Lucquois et plus durs que les
Pérugins. Les boulangers et les tanneurs qui
jouaient aux dés devant leur boutique repous-
sèrent avec de dures paroles le pauvre de Jésus-
Christ. Et les jeunes femmes, tenant leur nou-
veau-né dans leurs bras, détournaient la tête.

Et comme le bon frère, qui se réjouissait dans l'opprobre, souriait aux refus et aux injures :

— Il se moque, disaient les habitants de la ville. C'est un insensé, ou plutôt un fainéant et un ivrogne. Il a bu trop de vin. Ce serait pécher que de lui donner seulement une mie du pain de notre huche.

Et le bon frère leur répondait :

— Vous avez raison, mes amis ; je ne mérite point de vous faire pitié, et je ne suis pas digne de partager la nourriture de vos chiens et de vos cochons.

Les enfants qui, dans ce moment, sortaient de l'école, entendirent ces propos ; ils poursuivirent le saint homme en criant :

— Au fou ! au fou !

Et ils lui jetèrent de la boue et des pierres.

Et fra Giovanni s'en alla dans la campagne. La ville était assise au penchant d'une colline, et elle était entourée de vignes et d'oliviers.

Il descendit par un chemin creux et, voyant à ses côtés les grappes mûres de la vigne qui pendaient aux branches des ormeaux, il étendit le bras, et bénit les raisins. Il bénit aussi les oliviers et les mûriers et tout le blé de la

plaine. Cependant il avait faim et soif ; et il se
délectait dans la soif et la faim.

Au bout d'un chemin, il vit un bois de lauriers. C'était la coutume des frères mendiants
d'aller prier dans les bois, parmi les pauvres
animaux à qui les hommes cruels font la
chasse. C'est pourquoi fra Giovanni entra dans
le bois et chemina sur le bord d'un ruisseau
clair et chantant. Et il vit une pierre plate au
bord de ce ruisseau.

A ce moment, un jeune homme d'une beauté
merveilleuse, vêtu d'une robe blanche, posa
un pain sur la pierre et s'en alla.

Et fra Giovanni, s'étant agenouillé, pria,
disant :

— Que vous êtes bon, mon Dieu, de faire
servir votre pauvre par la main d'un de vos
anges ! O pauvreté bénie ! O très magnifique et
très riche pauvreté !

Et il mangea le pain de l'ange et but l'eau
de la fontaine. Et il fut fortifié dans son corps
et dans son âme. Et une main invisible écrivit
sur les murs de la ville : « Malheur aux riches ! »

V

LA TABLE SOUS LE FIGUIER

A l'exemple de saint François, son père bien-aimé, fra Giovanni allait dans l'hôpital de Viterbe soigner les lépreux. Il leur donnait à boire et lavait leurs plaies.

Et s'ils blasphémaient, il leur disait : « Vous êtes les préférés de Jésus-Christ. » Et il y avait des lépreux très humbles qu'il assemblait dans une chambre et avec lesquels il se réjouissait comme une mère au milieu de ses enfants.

Mais les murs de l'hôpital étaient épais, et le jour n'entrait que par des fenêtres étroites et hautes. Et, dans cet air malin, les lépreux avaient peine à vivre. Et fra Giovanni vit que

9.

l'un d'eux, nommé Lucide, qui était d'une grande patience, dépérissait dans l'air mauvais.

Fra Giovanni aimait Lucide et il lui disait :

— Mon frère, vous êtes Lucide, et il n'est pas de pierre plus pure que votre cœur, aux yeux de Dieu.

Et, s'apercevant que Lucide souffrait plus que les autres de l'odeur pernicieuse qu'on respirait dans l'hôtellerie, il lui dit un jour :

— Ami Lucide, chère brebis du Seigneur, tandis qu'on respire ici la peste, nous buvons, dans les jardins de Sainte-Marie-des-Anges, le parfum des cytises. Venez avec moi dans la maison des petits frères. Vous y verrez et vous y goûterez le beau ciel, et vous serez soulagé.

En parlant de la sorte, il prit le lépreux par le bras, le couvrit de son manteau et le conduisit à Sainte-Marie-des-Anges.

Arrivé à la porte du couvent, il appela le frère portier avec des cris joyeux :

— Ouvrez, dit-il, ouvrez à l'ami que je vous amène. Il se nomme Lucide et il est bien nommé, car c'est une perle de patience.

Le portier ouvrit la porte. Mais quand il vit entre les bras de fra Giovanni un homme dont le visage livide et comme muet était couvert d'écailles, il reconnut un lépreux. Et, tout épouvanté, il courut avertir le frère gardien. Ce gardien se nommait Andréa de Padoue, et il menait une vie très sainte. Pourtant, quand il apprit que fra Giovanni amenait un lépreux au couvent de Sainte-Marie-des-Anges, il fut irrité. Il vint à lui, le visage enflammé de colère, et lui dit :

— Restez dehors avec cet homme. Vous êtes insensé d'exposer ainsi vos frères à la contagion.

Fra Giovanni, sans rien répondre, baissa la tête. Toute joie s'était effacée de son visage. Et Lucide, voyant sa peine :

— Mon frère, lui dit-il, je suis affligé de ce que vous êtes contristé à cause de moi.

Et fra Giovanni baisa le lépreux sur la joue.

Puis il dit au gardien :

— Mon père, me permettrez-vous de me tenir dehors auprès de cet homme et de partager mon repas avec lui ?

Le gardien répondit :

— Faites à votre volonté, puisque vous vous mettez au-dessus de la sainte obéissance.

Et, ayant dit, il rentra dans la maison.

Il y avait devant la porte du couvent un
banc de pierre sous un figuier. Sur ce banc,
fra Giovanni posa son écuelle. Et tandis qu'il
soupait avec le lépreux, le gardien se fit ouvrir la porte. Il vint se placer sous le figuier,
et dit :

— Fra Giovanni, pardonnez-moi de vous
avoir offensé. Je viens partager votre repas.

VI

Alors Satan s'assit sur le penchant d'une
colline et il regarda les maisons des Frères. Il
était noir et beau, semblable à un jeune
Égyptien. Et il songea dans son cœur :

— Parce que je suis l'Adversaire et parce
que je suis l'Autre, je tenterai ces moines, et
je leur dirai ce que tait Celui qui leur est ami.
Et j'affligerai ces religieux en leur disant la
vérité et je les contristerai en prononçant des
discours raisonnables. J'enfoncerai la pensée
comme une épée dans leurs reins. Et quand
ils sauront la vérité, ils seront malheureux. Car
il n'y a de joie que dans l'illusion, et la paix

ne se trouve que dans l'ignorance. Et parce
que je suis le maître de ceux qui étudient la
nature des plantes et des animaux, la vertu des
pierres, les secrets du feu, le cours des astres
et l'influence des planètes, les hommes m'ont
nommé le Prince des Ténèbres. Et ils m'ap-
pellent le Malin parce que fut construit par moi
le cordeau au moyen duquel Ulpien redressa
la loi. Et mon Royaume est de ce monde.
Or, je tenterai ces moines, et je leur ferai
connaître que leurs œuvres sont mauvaises et que
l'arbre de leur charité porte des fruits amers.
Et je les tenterai sans haine et sans amour.

Ainsi parla Satan dans son cœur. Cependant,
comme les ombres du soir s'allongeaient au pied
des collines, et comme fumaient les toits des
chaumières, le saint homme Giovanni sortit du
bois où il avait coutume de prier, et il suivit
le chemin de Sainte-Marie-des-Anges en disant :

— Ma maison est la maison de délices, parce
qu'elle est la maison de pauvreté.

Et, ayant vu fra Giovanni qui cheminait,
Satan songea :

— Celui-ci est de ceux que je tenterai.

Et il releva son manteau noir sur sa tête et

il alla, par le chemin bordé de térébinthes, au devant du saint homme.

Et il s'était rendu semblable à une veuve voilée. Quand il eut rejoint fra Giovanni, il prit une voix mielleuse pour lui demander l'aumône, disant :

— Donnez-moi l'aumône pour l'amour de Celui qui vous est ami, et que je ne suis pas digne de nommer.

Et fra Giovanni répondit :

— Il se trouve que j'ai sur moi une petite tasse d'argent qu'un seigneur du pays m'a donnée pour qu'elle fût fondue et employée à l'autel de Sainte-Marie-des-Anges. Vous pouvez la prendre, madame ; j'irai demain prier le bon seigneur de m'en remettre une autre du même poids pour la sainte Vierge. Ainsi ses désirs seront accomplis et, de plus, vous aurez reçu l'aumône pour l'amour de Dieu.

Satan prit la tasse et dit :

— Bon frère, permettez à une pauvre veuve de baiser votre main. La main qui donne est douce et parfumée.

Fra Giovanni répondit :

— Madame, gardez-vous bien de me baiser

la main. Éloignez-vous au contraire sans retard.
Car, autant qu'il me semble, vous êtes belle de
visage, bien que noire comme le roi mage qui
porta la myrrhe. Et il ne convient pas que je
vous voie davantage. Car tout est péril au soli-
taire. Ainsi donc, souffrez que je vous quitte,
en vous recommandant à Dieu. Et pardonnez-
moi si j'ai manqué de politesse à votre égard.
Car le bon saint François avait coutume
de dire : « La courtoisie sera la parure
de mes fils, comme les fleurs ornent les collines ».

Mais Satan dit encore :

— Mon bon père, enseignez-moi du moins
une hôtellerie où je puisse passer honnêtement
la nuit.

Fra Giovanni répondit :

— Allez, madame, dans la maison de Saint-
Damien, chez les pauvres dames de Notre-
Seigneur. Celle qui vous recevra est Claire, et
c'est un clair miroir de pureté, et elle est la
duchesse de Pauvreté.

Et Satan dit encore :

— Mon père, je suis une femme adultère
et je me suis donnée à beaucoup d'hommes.

Et fra Giovanni lui dit :

— Madame, si je vous croyais chargée des péchés que vous dites, je vous demanderais comme un grand honneur la permission de vous baiser les pieds, car je vaux bien moins que vous, et vos crimes sont petits au regard des miens. Pourtant, j'ai reçu des grâces plus grandes que celles qui vous ont été accordées. Car alors que saint François et ses douze disciples étaient encore sur la terre, j'ai vécu avec des anges.

Et Satan répliqua :

— Mon père, quand je vous ai demandé l'aumône pour l'amour de Celui qui vous aime, je formais dans mon cœur un dessein mauvais. Et je veux vous en instruire. Je vais mendiant par les chemins sous un voile de veuve, afin de recueillir une somme d'argent que je destine à un homme de Pérouse qui jouit de mon corps, et qui s'est engagé, s'il recevait cette somme, à tuer par surprise un chevalier que je hais, parce que, m'étant offerte à lui, il m'a méprisée. Or, cette somme était imparfaite. Mais le poids de votre tasse d'argent l'a complétée. Et l'aumône que vous m'avez faite sera

le prix du sang. Vous avez vendu le juste. Car
ce chevalier est chaste, sobre et pieux, et je le
hais pour cela. Et c'est vous qui aurez causé
sa mort. Vous avez mis un poids d'argent dans
le plateau du crime.

En entendant ce discours, le bon fra Giovanni
pleura. Et, se retirant à l'écart, il se mit à
genoux dans un buisson d'épines et il pria le
Seigneur, disant :

— Seigneur, faites que ce crime ne retombe
ni sur cette femme ni sur moi, ni sur aucune
de vos créatures, mais qu'il soit porté sous
vos pieds percés de clous et qu'il soit lavé dans
votre sang précieux. Laissez tomber sur moi
et sur ma sœur du grand chemin une goutte
d'hysope, et nous serons purifiés, et nous pas-
serons la neige en blancheur.

Cependant l'Adversaire s'éloigna, songeant :

— Je n'ai pu tenter cet homme, à cause de
son extrême simplicité.

VII

LE DOCTEUR SUBTIL

Satan revint s'asseoir sur la montagne qui, regardant Viterbe, rit sous sa couronne d'oliviers. Et il dit en son cœur :

— Je tenterai cet homme.

Il formait ce dessein en son esprit, parce qu'il avait vu fra Giovanni qui, ceint d'une corde et un sac sur l'épaule, traversait la prairie, se rendant à la ville pour y mendier son pain, selon la règle.

Et Satan prit l'apparence d'un saint évêque, et il descendit dans la prairie. Une mitre étincelante chargeait sa tête, et les pierres de cette mitre jetaient des flammes véritables. Sa chape

était couverte de figures brodées et peintes
telles qu'aucun artisan au monde n'en aurait
pu faire de pareilles.

Il y était représenté lui-même, dans la soie
et l'or, sous les apparences d'un saint Georges
et d'un saint Sébastien et aussi sous les apparences de la vierge Catherine et de l'impéra-
trice Hélène. La beauté de ces visages répandait le trouble et la tristesse. Et cette chape
était d'un artifice merveilleux. Rien d'aussi
riche ne se voit dans les trésors des églises.

Ainsi, portant la mitre et la chape, et pareil
en majesté à cet Ambroise dont Milan s'honore,
Satan cheminait, appuyé sur sa crosse, dans
la prairie en fleur.

Et, s'approchant du saint homme, il lui dit :

— La paix soit avec vous !

Mais il ne dit point quelle était cette paix.
Et fra Giovanni crut que c'était la paix du
Seigneur.

Il songea :

— Cet évêque, qui me donne le salut de
paix, fut sans doute en son vivant un saint
pontife et un martyr inébranlable dans sa
constance. C'est pourquoi Jésus-Christ a changé

aux mains de son confesseur la crosse de bois
en crosse d'or. Aujourd'hui ce saint est puissant dans le ciel. Et voici qu'après sa mort
bienheureuse, il se promène dans la prairie
peinte de fleurs et brodée de perles de rosée.

Ainsi pensa le saint homme Giovanni, et
il ne s'étonna point. Et, ayant salué Satan
avec une grande révérence, il lui dit :

— Seigneur, vous êtes miséricordieux d'ap-
paraître à un pauvre homme tel que moi. Mais
cette prairie est si belle qu'il n'est pas sur-
prenant que les saints du paradis s'y promè-
nent. Elle est peinte de fleurs et brodée de
perles de rosée, et c'est un ouvrage aimable
du Seigneur.

Et Satan lui dit :

— Ce n'est point la prairie, c'est ton cœur
que je viens regarder ; et c'est pour te parler
que je suis descendu de la montagne. J'ai,
pendant les siècles, grandement disputé dans
l'Église. Sur les assemblées des docteurs ma
voix grondait comme la foudre, ma pensée
luisait comme l'éclair. Je suis très savant, et
l'on me nomme le docteur Subtil. J'ai disputé
avec les anges. Et je veux disputer avec toi.

Fra Giovanni répondit :

— Comment le pauvre petit homme que je suis pourrait-il disputer avec le docteur Subtil ? Je ne sais rien, et telle est ma stupidité, que je ne puis retenir dans ma tête que les chansons en langue vulgaire, quand on y a planté des rimes pour aider la mémoire, comme dans : *Faites, Jésus, clair miroir, Que mon cœur ne soit pas noir;* ou dans : *Sainte Marie, Vierge fleurie.*

Et Satan répondit :

— Fra Giovanni, les dames de Venise s'amusent à montrer leur adresse en faisant entrer un grand nombre de pièces d'ivoire dans une boîte de cèdre qui semblait d'abord trop petite pour les contenir. C'est ainsi que j'introduirai dans ta tête des idées qu'on ne croyait pas qu'elle pût recevoir. Et je te remplirai d'une sagesse nouvelle. Je te montrerai que, pensant marcher dans la droite voie, tu erres comme un homme ivre, et que tu pousses la charrue sans souci d'aligner les sillons.

Fra Giovanni s'humilia, disant :

— Il est vrai que je ne suis qu'un insensé et que je ne fais rien que de mal.

Et Satan lui dit :

— Que penses-tu de la pauvreté ?

Le saint homme répondit :

— Je pense que c'est une perle précieuse.

Et Satan répliqua :

— Tu prétends que la pauvreté est un grand bien, et tu ôtes aux pauvres une part de ce grand bien en leur faisant l'aumône.

Et fra Giovanni songea et dit :

— L'aumône que je fais, je la fais à Notre-Seigneur Jésus-Christ dont la pauvreté ne peut être diminuée. Car elle est infinie, et elle sort de lui comme une source inépuisable, et il la répand sur ses préférés. Et ceux-là seront toujours pauvres, selon la promesse du fils de Dieu. En donnant aux pauvres, je ne donne point aux hommes, mais à Dieu, comme les citoyens payent l'impôt au podestat, et l'impôt est pour la ville qui, par l'argent qu'elle en reçoit, pourvoit à ses besoins. Et ce que je donne est afin de paver la cité de Dieu. Il est vain d'être pauvre de fait, si l'on n'est pauvre par l'esprit. Car la véritable pauvreté est esprit. La robe de bure, le cordon, les sandales, la besace et l'écuelle de bois n'en sont

que les images mémorables. La pauvreté que
j'aime est spirituelle et je lui dis : « Ma Dame »,
parce qu'elle est une idée, et que toute beauté
est en cette idée.

Satan sourit et répliqua :

— Fra Giovanni, tes maximes sont celles
d'un sage de la Grèce, nommé Diogène, qui
enseignait aux universités, du temps où guerroyait Alexandre de Macédoine.

Et Satan dit encore :

— Est-il vrai que tu méprises les biens de
ce monde ?

Et fra Giovanni répondit :

— Je les méprise.

Et Satan lui dit :

— Vois que tu méprises en même temps les
hommes laborieux qui, les produisant, accomplissent ainsi l'ordre qui a été donné à Adam,
ton père, lorsqu'il lui a été dit : « Tu gagneras
ton pain à la sueur de ton front. » Puisque
le travail est bon, le fruit du travail est bon.
Pourtant tu ne travailles pas et tu n'as pas souci
du travail des autres. Mais tu reçois l'aumône
et tu la donnes, au mépris de la loi imposée
à Adam et à sa semence dans les siècles.

— Hélas! soupira le frère Giovanni, je suis
chargé de crimes et l'homme du monde le
plus scélérat et le plus inepte tout ensemble.
Aussi ne me regardez point, et lisez au Livre.
Notre Seigneur a dit : « Les lys des champs ne
travaillent ni ne filent ». Et il a dit encore :
« Marie a la bonne part qui ne lui sera pas
ôtée. »

Alors Satan leva la main, comme qui dispute
et s'apprête à faire sur ses doigts le compte de
ses arguments. Et il dit :

— Giovanni, ce qui a été écrit d'un sens, tu
le lis de l'autre et, étudiant ton livre, tu sem-
bles moins un docteur au pupitre qu'un âne
au râtelier. Je vais donc te reprendre comme
le maître reprend l'écolier. Il a été dit que
les lys des champs n'ont point besoin de filer,
parce qu'ils sont beaux, et que la beauté
est une vertu. Et il est dit encore que Marie
n'a pas à faire le ménage, puisqu'elle fait
l'amour avec celui qui la visite. Mais toi
qui n'es pas beau et qui ne t'instruis pas,
comme Marie, dans les choses de l'amour, tu
traînes tristement par les chemins une vie
ignominieuse.

Giovanni répondit :

— Seigneur, comme un peintre habile représente sur une étroite tablette de bois une ville entière avec ses maisons, ses tours et ses murailles, de même vous avez peint en peu de mots mon âme et mon visage, avec une merveilleuse exactitude. Et je suis tout à fait ce que vous dites. Mais si je suivais parfaitement la règle établie par saint François, l'ange du Seigneur, et si je pratiquais la pauvreté spirituelle, je serais le lys des champs et j'aurais la part de Marie.

Et Satan l'interrompit et dit :

— Tu prétends aimer les pauvres. Mais tu préfères le riche et ses richesses, et tu adores Celui qui possède et donne des trésors.

Et Giovanni répondit :

— Celui que j'aime possède, non les biens du corps, mais ceux de l'esprit.

Et Satan répliqua :

— Tous les biens sont de chair et se goûtent par la chair. Et cela, Epicure l'a enseigné et Horace le satirique l'a mis dans ses chants.

Ayant écouté ce discours, le saint homme Giovanni soupira :

— Seigneur, je ne vous entends point.

Satan haussa les épaules et dit :

— Mes paroles sont exactes et littérales et cet homme ne les entend pas. Et j'ai disputé avec Augustin et Jérôme, avec Grégoire et celui qu'on a surnommé Bouche-d'Or. Et ceux-là m'entendaient moins encore. Les misérables hommes marchent à tâtons dans les ténèbres, et l'Erreur élève sur leurs têtes son dais immense. Les simples et les savants sont le jouet de l'éternel mensonge.

Et Satan dit encore au saint homme Giovanni :

— As-tu le bonheur? Si tu as le bonheur, je ne prévaudrai pas contre toi. Car l'homme ne pense que dans la douleur, et il ne médite que dans la tristesse. Et tourmenté de craintes et de désirs, anxieux, il s'agite dans son lit et déchire son oreiller de mensonges. Pourquoi tenter cet homme? Il est heureux.

Mais frère Giovanni soupira :

— Seigneur, je suis moins heureux depuis que je vous écoute. Et vos discours me troublent.

En entendant ces paroles, Satan rejeta son

bâton pastoral, sa mitre et sa chape. Et il
parut nu. Il était noir et plus beau que le
plus beau des anges.

Il sourit avec douceur, et dit au saint
homme :

— Rassure-toi, mon ami. Je suis le mauvais
esprit.

VIII

LE CHARBON ARDENT

Or, le frère Giovanni était simple de cœur et d'esprit, et sa langue était liée; il ne savait pas parler aux hommes.

Mais un jour qu'il priait selon sa coutume au pied d'une yeuse antique, un ange du Seigneur lui apparut et le salua, disant :

— Je te salue parce que je suis celui qui visite les simples et qui annonce les mystères aux vierges.

Et l'ange tenait dans sa main un charbon ardent. Il posa le charbon sur les lèvres du saint. Et il parla encore et dit :

— Par ce feu, tes lèvres resteront pures et

elles seront ardentes. Et la brûlure que j'ai
faite y demeurera. Ta langue sera déliée et tu
parleras aux hommes. Car il faut que les
nommes entendent la parole de vie et qu'ils
sachent qu'ils ne seront sauvés que par la
simplicité du cœur. C'est pourquoi le Seigneur
a délié la langue du simple.

Et l'ange retourna au ciel. Et le saint homme
Giovanni fut saisi d'épouvante. Il pria et dit :

— Mon Dieu, le trouble de mon cœur est
si grand que je ne sens pas sur ma lèvre la
douceur du feu qu'y a mis votre ange.

» Vous voulez me châtier, Seigneur, puisque
vous m'envoyez parler aux hommes qui ne m'en-
tendront point. Je serai odieux à tous, et vos
prêtres eux-mêmes diront : « Il blasphème ! »

» Car votre raison est contraire à la raison
des hommes. Mais que votre volonté soit accomplie.

Et, s'étant levé, il alla vers la ville.

IX

LA MAISON D'INNOCENCE

Ce jour-là, fra Giovanni était sorti du couvent à l'heure matinale où les oiseaux s'éveillent en chantant. Et il allait à la ville. Et il songeait :

— Je vais à la ville pour y mendier mon pain et pour donner du pain à ceux qui mendient; et je donnerai ce que j'aurai reçu, et je recevrai ce que j'aurai donné. Car il est bon de demander et de recevoir pour l'amour de Dieu. Et celui qui reçoit est le frère de celui qui donne. Et il ne faut pas regarder si l'on est l'un ou l'autre de ces deux frères, parce que le don n'est rien, et que tout est dans la charité.

» Celui qui reçoit, s'il a la charité, est l'égal de celui qui donne. Mais celui qui vend est l'ennemi de celui qui achète, et le vendeur contraint l'acheteur à lui être ennemi. Et en cela est la racine du mal qui empoisonne les villes, comme le venin du serpent est dans sa queue. Et il faut qu'une dame mette le pied sur la queue du serpent. Cette dame est la Pauvreté. Elle a déjà visité dans sa tour le roi Louis de France. Mais elle n'est point entrée chez les Florentins, parce qu'elle est chaste et qu'elle ne veut point mettre le pied dans un mauvais lieu. Or, la boutique du changeur est un mauvais lieu. Les banquiers et les changeurs y commettent le plus grand des péchés. Les prostituées pèchent dans les bouges, mais leur péché est moins grand que celui des banquiers et de quiconque s'enrichit par la banque ou par le négoce.

» En vérité, les banquiers et les changeurs n'entreront point dans le royaume des cieux, ni les boulangers, ni les droguistes, ni ceux qui exercent l'art de la laine dont s'enorgueillit la ville de la Fleur. Parce qu'ils donnent un prix à l'or et qu'ils assignent un cours au change, ils dressent des idoles à la face des hommes. Et, disant : « L'or a une valeur », ils mentent. Car l'or est plus vil que les feuilles sèches qui, dans le vent d'automne, tournoient et bruissent au pied des térébinthes. Et il n'y a de précieux que le travail de l'homme, lorsque Dieu le regarde.

Or, tandis qu'il méditait de la sorte, fra Giovanni vit que la montagne était ouverte et que des hommes en tiraient des pierres. Et l'un des carriers demeurait couché sur la route, vêtu d'un lambeau d'étoffe grossière ; son corps avait reçu les morsures cuisantes du froid et du chaud. Les os de ses épaules et de sa poitrine étaient comme à nu sur sa chair exténuée. Et une grande désolation coulait du creux noir de ses yeux.

Fra Giovanni s'approcha de lui, disant :

— La paix soit avec vous !

Mais le carrier ne répondit rien ; il ne détourna pas la tête. Et fra Giovanni, croyant qu'il ne l'avait point entendu, dit encore :

— La paix soit avec vous.

Et il prononça les mêmes paroles une troisième fois.

Alors le carrier le regarda avec fureur et lui dit :

— Je n'aurai de paix qu'à ma mort. Va-t'en, maudite corneille dont les souhaits m'annoncent un bien trompeur ! Va crailler à de plus simples que moi ! Moi, je sais que la condition du carrier est tout entière malheureuse, et qu'il n'y a point de soulagement à sa misère. J'arrache des pierres depuis le matin jusqu'au soir, et, pour prix de mon travail, je reçois un morceau de pain noir. Et quand mes bras seront moins forts que les pierres de la montagne, quand mon corps sera tout usé, je mourrai de faim.

— Mon frère, dit le saint homme Giovanni, il n'est point juste que vous arrachiez beaucoup de pierres et ne receviez que peu de pain.

Le carrier se dressa debout :

— Moine, que vois-tu là-haut sur la colline ?

— Mon frère, je vois les murs de la ville.

— Et plus haut ?

— Je vois les toits des maisons qui dominent les remparts.

— Et plus haut ?

— Les cimes des pins, les dômes des églises et les campaniles.

— Et plus haut encore ?

— Je vois une tour qui domine toutes les autres. Des créneaux la couronnent. C'est la tour du Podestat.

— Moine, que vois-tu sur les créneaux de cette tour ?

— Mon frère, sur les créneaux de cette tour, je ne vois rien que le ciel.

— Moi, dit le carrier, je vois sur cette tour une figure hideuse et géante qui brandit une massue, et sur cette massue je vois écrit : INIQUITÉ. Et l'Iniquité est élevée au-dessus des citoyens sur la tour des magistrats et des lois.

Et fra Giovanni répondit :

— Ce que l'un voit, l'autre ne le voit pas, et il est possible que cette figure que vous dites soit placée sur la tour du Podestat, dans la ville de Viterbe. Mais n'est-il pas un remède aux maux dont vous souffrez, mon frère ? Le bon saint François a laissé sur la terre une telle fontaine de consolation que tous les hommes s'y peuvent rafraîchir.

Et le carrier parla de la sorte :

— Des hommes ont dit : « Cette montagne est à nous. » Et ces hommes sont mes maîtres, et c'est pour eux que je tire la pierre. Et ils jouissent du fruit de mon travail.

Fra Giovanni soupira :

— Il faut que des hommes soient fous pour croire qu'ils possèdent une montagne.

Le carrier répliqua :

— Ils ne sont point fous. Et les lois de la ville leur garantissent cette possession. Les citoyens leur paient les pierres que j'ai tirées. Et ce sont des marbres d'un grand prix.

Et fra Giovanni dit :

— Il faudrait changer les lois de la ville et les mœurs des citoyens. Saint François, l'ange du Seigneur, a donné l'exemple et montré la voie. Quand il résolut, sur l'ordre de Dieu, de relever l'église ruinée de Saint-Damien, il n'alla pas trouver le maître de la carrière. Et il ne dit point : « Apportez-moi les marbres les plus beaux et je vous donnerai de l'or en échange. » Car celui-là, qu'on nommait le fils de Bernardone et qui était vrai fils de Dieu, savait que l'homme qui vend est l'ennemi de l'homme qui achète, et que l'art du négoce est plus malfaisant, s'il est possible, que l'art de la guerre. Aussi ne s'adressa-t-il point aux maîtres maçons ni à aucun de ceux qui donnent du marbre, du bois et du plomb pour de l'argent. Mais il alla dans la montagne et il prit sa charge de bois et de pierres et il la porta lui-même au lieu consacré à la mémoire du bienheureux Damien. Il posa lui-même. les pierres à l'aide du cordeau, pour former les murs. Et il fit le ciment pour lier les pierres entre elles. Ce fut une humble et grossière enceinte. Ce fut l'œuvre d'un faible bras. Mais qui la contemple avec les yeux de l'âme y reconnaît la pensée d'un ange. Car le mortier de ce mur n'est point pétri du sang des malheureux ; car cette maison de saint Damien ne fut point élevée avec les trente deniers qui ont payé le sang du Juste et qui, rejetés par l'Iscariote, vont depuis lors, de main en main, par le monde, payer toute injustice et toute cruauté.

» Car, seule entre toutes, cette maison est fondée sur l'innocence, établie sur l'amour, assise sur la charité, et seule entre toutes elle est la maison de Dieu.

» Et je vous le dis en vérité, ouvrier mon frère, en faisant ces choses, le pauvre de Jésus-

Christ a donné au monde l'exemple de la justice, et sa folie paraîtra un jour sagesse. Car
tout sur la terre est à Dieu, et nous sommes
les enfants de Dieu, et les parts des enfants
doivent être égales. C'est-à-dire que chacun
doit prendre ce qu'il lui faut. Et parce que
les grands ne demandent point de bouillie,
ni les petits ne boivent pas de vin, la part de
chacun ne sera point la même, mais chacun
aura la part convenable.

» Et le travail sera joyeux quand il ne sera
pas payé. Et c'est l'or inique qui seul fait
l'inégalité des partages. Lorsque chacun ira
chercher sa pierre dans la montagne et la
portera sur son dos à la ville, la pierre sera
légère et ce sera la pierre d'allégresse. Et
nous bâtirons la maison joyeuse. Et nous
élèverons la cité nouvelle. Et il n'y aura ni
pauvres ni riches, mais tous se diront pauvres,
parce qu'ils voudront porter un nom qui les
honore.

Ainsi parla le doux fra Giovanni, et le
carrier misérable songea :

— Cet homme vêtu d'un linceul et ceint
d'une corde a dit des choses nouvelles. Je ne

verrai pas la fin de mes misères et je vais
mourir de fatigue et de faim. Mais je mourrai
heureux, car mes yeux, avant de s'éteindre,
auront vu l'aube du jour de justice.

X

LES AMIS DU BIEN

Or, il y avait en ce temps-là, dans la ville très illustre de Viterbe, une confrérie formée de soixante vieillards. Et ces vieillards comptaient parmi les principaux de la ville. Ils amassaient les honneurs et les richesses et professaient la vertu. Il se trouvait parmi eux un gonfalonier de la République, des docteurs en l'un et l'autre droit, des juges, des marchands, des changeurs d'une éclatante piété, et quelques vieux condottieres affaiblis par l'âge.

Parce qu'ils s'étaient assemblés pour exciter les citoyens au bien, se rendant témoignage, ils se nommaient les Amis du bien. Ce titre était inscrit sur la bannière de la confrérie, et ils étaient d'accord pour persuader aux pauvres de faire le bien, afin qu'aucun changement ne survînt dans la ville.

Ils avaient coutume de s'assembler le dernier jour de chaque mois, au palais du Podestat, pour connaître entre eux ce qui s'était fait de bien pendant le mois dans la ville. Et aux pauvres qui avaient fait le bien ils donnaient des pièces d'argent.

Or, en ce jour, les Amis du bien tenaient leur assemblée. Il y avait au fond de la salle une estrade recouverte de velours et sur cette estrade s'élevait un dais magnifique, supporté par quatre figures sculptées et peintes. Ces figures étaient la Justice, la Tempérance, la Force et la Chasteté. Les principaux de la confrérie siégeaient sous ce dais. Le doyen prit place au milieu d'eux dans une chaise d'or, qui était à peine inférieure en richesse à ce trône que naguère le disciple de saint François vit préparé dans le ciel pour le pauvre du Seigneur. Ce siège avait été présenté au doyen, pour qu'en lui fût honoré tout le bien accompli dans la ville.

Et, quand les membres de la confrérie furent rangés dans l'ordre convenable, le doyen se leva pour parler. Il félicita les servantes qui avaient servi leur maître sans recevoir de salaire, et il célébra les vieillards qui, n'ayant point de pain, n'en demandaient pas.

Et il dit :

— Ceux-là ont bien agi. Et nous les récompenserons ; car il importe que le bien soit récompensé, et il nous appartient d'en payer le prix, étant les premiers et les meilleurs de la cité.

Après qu'il eut parlé, la foule du peuple qui se tenait debout au pied de l'estrade battit des mains.

Mais quand ils eurent fini d'applaudir, fra Giovanni parla du milieu de la troupe misérable et demanda à haute voix :

— Qu'est-ce que le bien ?

Alors il se fit une grande rumeur dans l'assemblée. Le doyen s'écria :

— Qui donc a parlé ?

Et un homme roux qui s'était mêlé aux pauvres répondit :

— C'est un moine nommé Giovanni, qui est

l'opprobre de son couvent. Il va nu par les
rues, portant ses habits sur sa tête, et il se livre
à toutes sortes d'extravagances.

Un boulanger dit ensuite :

— C'est un fou et un méchant ! Il mendie
son pain aux portes des boulangers.

Plusieurs entre les assistants, jetant de
grandes clameurs, tirèrent le frère Giovanni
par sa robe et, tandis qu'ils s'efforçaient de le
pousser dehors, d'autres, plus impatients, lan-
çaient des escabeaux et les rompaient sur la
tête du saint homme. Mais le doyen se leva
sous le dais et dit :

— Laissez en repos cet homme, afin qu'il
m'entende et soit confondu. Il demande ce que
c'est que le bien, parce que le bien n'est pas
en lui et qu'il est dénué de vertu. Et moi je
lui réponds : « La connaissance du bien est
au dedans des hommes vertueux. Et les bons
citoyens portent en eux le respect des lois.
Ils approuvent ce qui a été fait dans la ville
pour assurer à chacun la jouissance des
richesses acquises. Ils soutiennent l'ordre établi
et s'arment pour le défendre. Car le devoir
des pauvres est de défendre le bien des riches.

Et c'est ainsi que se maintient l'union des citoyens. Et cela est le bien. Et le riche se fait apporter par un serviteur une corbeille pleine de pains qu'il distribue aux pauvres, et cela encore est le bien ». Voilà ce qu'il convenait d'apprendre à cet homme ignorant et grossier.

Ayant parlé de cette manière, le doyen s'assit et la foule des pauvres fit entendre un murmure favorable. Mais fra Giovanni, étant monté sur un des escabeaux qu'on lui avait jetés à la tête avec l'opprobre et l'injure, parla à tous et dit :

— Entendez les paroles salutaires ! Le bien n'est point dans l'homme. Et l'homme, par lui-même, ne sait point ce qui lui est bon. Car il ignore sa nature et sa destinée. Et ce qu'il estime bon peut lui être mauvais. Ce qu'il croit utile peut lui être nuisible. Et il est incapable de choisir les choses convenables, parce qu'il ne connaît pas ses besoins, et qu'il est semblable au petit enfant qui, assis dans la prairie, suce comme du lait le suc de la belladone. Et il ne sait point que la belladone est un poison ; mais sa mère le sait. C'est pourquoi le bien est de faire la volonté de Dieu.

» Il ne faut point dire : « J'enseigne le bien, » et le bien est d'obéir aux lois de la ville. » Car ces lois ne sont point de Dieu ; mais elles sont de l'homme et elles participent de sa malice et de son imbécillité. Elles ressemblent aux règles que les enfants établissent sur la place de Viterbe, quand ils jouent à la balle. Le bien n'est pas dans les coutumes ni dans les lois. Mais il est en Dieu et dans l'accomplissement de la volonté de Dieu sur la terre. Ce n'est ni par les légistes ni par les magistrats que la volonté de Dieu s'accomplit sur la terre.

» Car les puissants de ce monde font leur volonté, et cette volonté est contraire à la volonté de Dieu. Mais ceux qui ont dépouillé la superbe et qui savent qu'il n'y a point de bien en eux, ceux-là reçoivent de grands dons, et Dieu lui même s'égoutte en eux comme le miel au creux des chênes.

» Et il faut que nous soyons le chêne plein de miel et de rosée. Les humbles, les simples et les ignorants connaissent Dieu. Et c'est par eux que Dieu régnera sur la terre. Le salut n'est pas dans la vigueur des lois et dans le nombre des soldats. Il est dans la pauvreté et dans l'humilité.

« Ne dites plus : « Le bien est en moi » et j'enseigne le bien ». Dites au contraire : » Le bien est en Dieu ». Assez longtemps les hommes se sont endurcis dans leur propre sagesse. Assez longtemps ils ont mis le Lion et la Louve en emblème sur les portes de leurs villes. Leur sagesse et leur prudence ont produit l'esclavage, les guerres, et le meurtre de beaucoup d'innocents. C'est pourquoi vous devez vous remettre à la conduite de Dieu, comme l'aveugle se fait conduire par son chien. Et ne craignez point de fermer les yeux de votre esprit et de perdre la raison, car la raison vous a rendus malheureux et méchants. Et par elle vous êtes devenus semblables à cet homme qui, ayant deviné les secrets de la Bête accroupie dans la caverne, s'enorgueillit et, se croyant sage, tua son père et épousa sa mère.

» Dieu n'était point avec lui. Il est avec les humbles et les simples. Sachez ne point vouloir, et il mettra sa volonté en vous. Ne cherchez point à deviner les énigmes de la Bête. Soyez ignorants, et vous ne craindrez plus d'errer. Il n'y a que les sages qui se trompent.

Fra Giovanni ayant ainsi parlé, le doyen se leva et dit :

— Ce méchant m'a offensé, je lui remets volontiers cette offense. Mais il a parlé contre les lois de Viterbe, et il convient qu'il soit puni.

Et fra Giovanni fut conduit devant les juges qui le firent charger de chaînes et l'envoyèrent dans la prison de la ville.

XI

LA DOUCE RÉVOLTE

Le saint homme Giovanni fut enchaîné à
un gros pilier au milieu du caveau sur lequel
passait la rivière.

Deux hommes étaient plongés avec lui dans
les ténèbres gluantes. Tous deux avaient connu
et proclamé l'injustice des lois. L'un voulait
abattre la République par la force. Il avait
commis des meurtres exemplaires, et il méditait de purifier la ville par le fer et le feu.
L'autre espérait changer les cœurs : il avait
tenu des discours persuasifs. Inventeur de lois
sages, il comptait sur la beauté de son génie
et sur l'innocence de ses mœurs pour les

imposer à ses concitoyens. Et tous deux avaient
été condamnés également.

Quand ils surent que le saint homme était
enchaîné avec eux pour avoir parlé contre les
lois de la ville, ils le félicitèrent. Et celui qui
avait inventé des lois sages lui dit :

— Frère, si jamais nous sommes remis en
liberté, puisque tu penses comme moi, tu
m'aideras à persuader aux citoyens qu'ils
doivent établir au-dessus d'eux l'empire des
lois justes.

Mais le saint homme Giovanni lui répondit :

— Qu'importe que la justice soit dans les
lois, si elle n'est point dans les cœurs ? Et, si
les cœurs sont injurieux, de quoi servira que
l'équité règne dans la loi ?

» Ne dites point : « Nous établirons des lois
» justes, et nous rendrons à chacun ce qui lui
» est dû. » Car nul n'est juste, et nous ne savons
pas ce qui convient aux hommes. Nous igno-
rons également ce qui leur est bon et ce qui
leur est mauvais. Et chaque fois que les princes
du peuple et les chefs de la République ont
aimé la justice, ils ont fait périr beaucoup
d'hommes.

» Ne donnez point le compas et le niveau à l'arpenteur mauvais. Car, avec des instruments justes, il fera des partages injustes. Et il dira: « Voyez, je porte sur moi le niveau, la règle » et l'équerre, et je suis un bon arpenteur. » Tant que les hommes demeureront avares et cruels, ils rendront cruelles les lois les plus douces et ils dépouilleront leurs frères avec des paroles d'amour. C'est pourquoi il est vain de leur révéler les paroles d'amour et les lois de douceur.

N'opposez pas les lois aux lois, et ne dressez point des tables de marbre ou d'airain en face des hommes. Car tout ce qui est écrit sur les tables de la loi est écrit en lettres de sang.

Ainsi parla le saint homme. Et le prisonnier qui avait commis des meurtres exemplaires et préparé la ruine salutaire de la cité approuva et dit :

— Compagnon, tu as bien parlé. Sache donc que je n'opposerai pas la loi à la loi, la règle droite à la règle tortue, mais que je veux détruire la loi par la violence et contraindre les citoyens à vivre ensuite dans une bienheu-

reuse liberté. Et sache encore que j'ai tué des
juges et des gens d'armes, et que j'ai commis
des crimes bienveillants.

Ayant entendu ces paroles, l'homme du
Seigneur se leva, étendit ses bras chargés de
chaînes dans l'ombre maligne et s'écria :

— Malheur aux violents ! car la violence
enfante la violence. Celui qui agit comme toi
ensemence la terre de haines et de colères, et
ses enfants se déchireront les pieds aux ronces
du chemin et les serpents les mordront au
talon.

» Malheur à toi ! car tu as versé le sang du
juge inique et du soldat brutal, et te voilà
devenu semblable au soldat et au juge. Et
comme eux tu portes aux mains la tache
ineffaçable.

» Insensé qui dit : « Nous ferons le mal à
» notre tour et notre cœur sera soulagé. Nous
» serons injustes, et ce sera le commencement
» de la justice. » Le mal est dans le désir. Ne
désirez rien et vous n'aurez point de mal.
L'injustice n'est mauvaise qu'aux injustes. Je
n'en souffrirai point si je suis juste. L'iniquité
est une épée dont la poignée déchire la main

qui la tient. Sa pointe ne fait point de blessure au cœur de l'homme simple et bon.

» Pour lui, rien n'est dangereux s'il ne craint rien. Tout souffrir, c'est ne souffrir de rien. Soyez bons et l'univers entier sera bon. Car l'univers servira d'instrument à votre bonté et vos persécuteurs travailleront à vous rendre meilleur et plus beau.

» Vous aimez la vie, et cet attachement est au cœur de tout homme. Aimez donc la souf-france. Car vivre, c'est souffrir. N'enviez point vos maîtres cruels. Plaignez les commandants des milices. Ayez pitié des publicains et des juges. Les plus fiers d'entre eux ont connu les pointes de la douleur et les affres de la mort. Soyez plus heureux, puisque vous êtes inno-cents. Que pour vous la douleur perde son aiguillon et la mort ses affres.

» Soyez en Dieu, et dites-vous : « Tout est » bien en lui. » Gardez-vous de vouloir même le bonheur public avec trop de force et d'âpreté, de peur qu'il ne se glisse quelque cruauté dans votre vouloir. Mais que votre désir de charité universelle prenne la ferveur d'une prière et la douceur d'une espérance.

» Elle sera belle, la table où tout le monde recevra sa part équitable et où les convives laveront les pieds les uns aux autres. Mais ne dites point : « Je dresserai par violence cette » table dans les rues de la ville et sur les » places publiques. » Car ce n'est point le couteau à la main que vous devez convier vos frères au banquet de la justice et de la mansuétude. Il faut que la table se dresse d'elle-même sur le Champ de Mars par la vertu de la grâce et de la bonne volonté.

» Et ce sera un miracle. Or, sachez bien que les miracles ne s'accomplissent que par la foi et par l'amour. Si vous désobéissez à vos maîtres, que ce soit par amour. Ne les enchaînez point et ne les tuez point. Mais dites leur : « Je ne tuerai point mes frères et je ne les » enchaînerai point. » Endurez, souffrez, acceptez, veuillez ce que Dieu veut, et votre volonté sera faite sur la terre comme au ciel. Ce qui semble mauvais est mauvais, et ce qui semble bon est bon. Le mal véritable est dans l'effort et le mécontentement. Ne nous efforçons point et soyons contents; ne frappons point les méchants, de peur de nous rendre semblables à eux.

» Si nous avons le bonheur d'être pauvres de fait, ne nous rendons point riches par l'esprit et attachés de cœur aux biens qui rendent injuste et malheureux. Souffrons la persécution avec douceur et soyons ces vases de dilection qui changent en baume le fiel qu'on y verse.

XII

PAROLES D'AMOUR

Or les juges firent paraître devant eux le
saint homme Giovanni, enchaîné à celui qui
avait jeté le feu grégeois dans le palais des
Prieurs. Et ils dirent au saint homme :

— Tu es avec le criminel puisque tu n'es
pas avec nous. Car quiconque n'est pas avec
les bons est avec les méchants.

Et le saint homme leur répondit :

— Il n'y a ni bons ni méchants parmi les
hommes. Mais tous sont malheureux. Et ceux
que n'affligent ni la faim ni la honte, la richesse
et la puissance les tourmentent. Il n'est point
donné à celui qui naît de la femme d'échapper

aux misères, et le fils de la femme est semblable au malade qui se retourne dans son lit sans trouver le repos, parce qu'il ne veut pas se coucher sur la croix de Jésus, la tête dans les épines, et qu'il ne se réjouit point dans la souffrance. Pourtant, c'est dans la souffrance qu'est la joie. Et ceux qui aiment le savent.

» Je suis avec l'amour et cet homme est avec la haine. C'est pourquoi nous ne nous rencontrerons jamais. Et je lui dis : « Mon frère, tu » as mal fait, et ton crime est grand. » Et je parle ainsi parce que la charité et l'amour me pressent. Mais vous condamnez ce criminel au nom de la justice. Et, en invoquant la justice, vous jurez en vain. Car il n'y a point de justice parmi les hommes.

» Nous sommes tous des criminels. Et quand vous dites : « La vie des peuples est en nous », vous mentez. Et vous êtes le cercueil qui dit : « Je suis le berceau. » La vie des peuples est dans les moissons des campagnes qui jaunissent sous le regard du Seigneur. Elle est dans les vignes suspendues aux ormeaux, et dans le sourire et les larmes dont le ciel baigne les fruits des arbres, aux clos des vergers. Elle n'est pas dans les lois, qui sont faites par les riches et les puissants pour la conservation de la puissance et de la richesse.

» Vous oubliez que vous êtes nés pauvres et nus. Et Celui-là qui vint dans la crèche de Bethléem est venu sans profit pour vous. Et il faut qu'il renaisse pauvre et qu'il soit crucifié une seconde fois pour votre salut.

» Le violent s'est servi des armes que vous avez forgées. Et il est comparable aux guerriers que vous honorez parce qu'ils ont détruit des villes. Ce qui est défendu par la force sera attaqué par la force. Et si vous savez lire le livre que vous avez écrit, vous y verrez ce que je dis. Car vous avez mis dans votre livre que le droit des gens est le droit de guerre. Et vous avez glorifié la violence, en rendant des honneurs aux conquérants et en élevant sur vos places publiques des statues à eux et à leur cheval.

» Et vous avez dit : « Il y a une bonne » violence et une mauvaise violence. Et cela » est le droit des gens, et cela est la loi. » Mais quand ces hommes vous auront mis hors la loi, ils seront la loi comme vous êtes devenus

la loi quand vous avez renversé le tyran qui
était la loi avant vous.

» Or, sachez-le bien, il n'y a de droit véritable que dans le renoncement au droit. Il n'y
a de loi sainte que dans l'amour. Il n'y a de
justice que dans la charité. Ce n'est point par
la force qu'il convient de résister à la force,
car la lutte aguerrit les combattants et le sort
des batailles est douteux. Mais si l'on oppose
la douceur à la violence, celle-ci, ne trouvant
pas d'appui sur son adversaire, tombe d'elle-
même.

» Il est dit par les savants, dans les bes-
tiaires, que la licorne qui porte au front une
épée flamboyante transperce le chasseur dans
sa chemise de fer, et s'agenouille aux pieds
d'une pucelle. Soyez doux, faites-vous une âme
simple, ayez le cœur pur; et vous ne craindrez
rien.

» Ne mettez point votre confiance dans l'épée
des condottieres, car la pierre du berger a
percé le front du géant. Mais fortifiez-vous dans
l'amour, et aimez ceux qui vous haïssent. La
haine qu'on ne rend pas est de moitié diminuée.
Et la part qui demeure languit, veuve, et meurt.

Dépouillez-vous afin qu'on ne vous dépouille pas. Aimez vos ennemis pour qu'ils ne vous soient plus ennemis. Pardonnez afin qu'on vous pardonne. Ne dites point : « La douceur nuit » aux pasteurs des peuples. » Car vous n'en savez rien. Les pasteurs des peuples n'en ont point encore essayé. Ils prétendent que par la rigueur ils ont diminué le mal. Mais le mal est grand parmi les hommes et l'on ne voit pas qu'il diminue.

» J'ai dit aux uns : « Ne soyez point oppres- » seurs. » J'ai dit aux autres : « Ne vous » révoltez pas. » Et ni les uns ni les autres ne m'ont écouté. Et ils m'ont jeté la pierre avec la risée. Parce que j'étais avec tous, chacun m'a dit : « Tu n'es pas avec moi ».

» J'ai dit : « Je suis l'ami des misérables. » Et vous n'avez pas cru que j'étais votre ami, parce que, dans votre orgueil, vous ne savez point que vous êtes misérables. Pourtant la misère du maître est plus cruelle que celle de l'esclave. Mais quand je vous plaignais tendre- ment, vous avez cru que je raillais. Et les opprimés ont pensé que j'étais du parti des oppresseurs. Et ils ont dit : « Il n'a point de pitié».

Mais ma part est dans l'amour et non pas dans la haine. C'est pourquoi vous me méprisez. Et parce que j'annonce la paix sur la terre, vous me tenez pour insensé. Il vous semble que mes discours vont dans tous les sens, comme les pas d'un homme ivre. Et il est vrai que je traverse vos camps comme ces joueurs de harpe qui, la veille des batailles, vont jouer devant les tentes. Et les soldats disent, en les écoutant : « Ce sont de pauvres » innocents qui vont jouant des airs que nous » avons entendus dans nos montagnes. » Je suis ce harpiste qui passe au milieu des armées. A voir où conduit la sagesse humaine, je veux bien être fou ; et je remercie Dieu de m'avoir donné la harpe et non point l'épée.

XIII

LA VÉRITÉ

Le saint homme Giovanni demeurait en geôle bien étroite, et il était attaché par des chaînes à des anneaux scellés dans le mur. Mais son âme restait libre, et les tourments n'avaient pas ébranlé sa constance. Et il se promettait de ne point trahir sa foi, mais d'être le témoin et le martyr de la Vérité, afin de mourir en Dieu. Et il se disait : « La Vérité m'accompagnera au gibet. Elle me regardera et elle pleurera. Elle dira : Je pleure parce que c'est pour moi que cet homme meurt. »

Et comme le saint homme menait ainsi dans la solitude le colloque de ses pensées, un cava-

lier entra dans la prison, sans que les portes se
fussent ouvertes. Il était vêtu d'un manteau rouge
et portait à la main une lanterne allumée.

Fra Giovanni lui dit :

— Quel est ton nom, subtil seigneur qui
traverse les murailles ?

Et le cavalier répondit :

— Frère, à quoi bon te dire les noms qu'on
me donne ? J'aurai pour toi celui que tu me
donneras. Sache que je viens à toi secourable
et bienveillant, et qu'ayant connu que tu aimes
chèrement la Vérité, je t'apporte une parole
touchant cette Vérité que tu as prise pour dame
et pour compagne.

Et Fra Giovanni commença de rendre grâces
au visiteur. Mais celui-ci l'arrêta :

— Je t'avertis, lui dit-il, que cette parole te
semblera d'abord vaine et méprisable, car il en
est d'elle comme d'une petite clé, que l'impru-
dent rejette sans en faire usage.

» Mais l'homme avisé l'essaye à plusieurs ser-
rures, et s'aperçoit enfin qu'elle ouvre un coffre
plein d'or et de pierres précieuses.

» Donc je te dirai : « Fra Giovanni, puisque tu
» as voulu d'aventure prendre la Vérité pour

» Dame et amie, il t'importe grandement de
» savoir d'elle tout ce que savoir se peut. Or,
» apprends qu'elle est BLANCHE. Et par son
» apparence, que je te fais connaître, tu décou-
» vriras sa nature, ce qui te sera fort utile pour
» t'accointer d'elle et l'embrasser avec toutes
» sortes de mignardises, à la façon d'un ami
» caressant son amie. Tiens donc pour certain,
» bon frère, qu'elle est BLANCHE. »

Ayant ouï ces paroles, le saint homme
Giovanni répondit :

— Messer Subtil, le sens de votre discours
n'est pas si difficile à deviner que vous avez
paru le craindre. Et mon esprit, bien que
naturellement épais et dur, a été traversé
tout de suite par la fine pointe de l'allégorie.
Vous dites que la Vérité est blanche pour
représenter la parfaite pureté qui est en elle et
faire paraître clairement que c'est une dame
immaculée. Et je me la représente telle que
vous dites, passant en blancheur les lys des
jardins et la neige qui couvre, durant l'hiver,
les cimes de l'Alverne.

Mais le visiteur secoua la tête et dit :

— Fra Giovanni, ce n'est point là le sens

de mes paroles et tu n'as pas cassé l'os pour en tirer la moelle. Je t'ai enseigné que la Vérité est blanche et non pas qu'elle est pure. Et il est d'un petit entendement de croire qu'elle est pure.

Affligé de ce qu'il venait d'entendre, le saint homme Giovanni répondit :

— De même que la lune, lorsque la terre lui cache le soleil, est obscurcie par l'ombre épaisse de ce monde où fut consommé le crime d'Ève, semblablement, messer Subtil, vous avez recouvert une parole claire sous une obscure parole. Et voici que vous errez dans les ténèbres. Car la Vérité est pure, venant de Dieu, source de toute pureté.

Et le Contradicteur répondit :

— Fra Giovanni, soyez meilleur physicien, et reconnaissez que la pureté est une qualité inconcevable. Ainsi faisaient, dit-on, les bergers arcadiens qui nommaient dieux purs les dieux qu'ils ne connaissaient pas.

Alors le bon Fra Giovanni soupira et dit :

— Messer, vos paroles sont obscures et enveloppées de tristesse. Parfois, dans mon sommeil, des anges m'ont visité. Je ne comprenais pas non plus leurs paroles. Mais le mystère de leur pensée était joyeux.

Et le visiteur subtil reprit :

— Fra Giovanni, argumentons tous deux selon les règles.

Et le saint homme répondit :

— Je ne peux pas argumenter avec vous. Je ne m'en sens ni le désir ni la force.

— Il faut donc, répliqua le Subtil, que je trouve un autre contradicteur.

Et tout aussitôt, dressant le doigt indicateur de sa main gauche, il fit, avec sa droite, d'un bout de son manteau, un bonnet rouge à ce doigt ; puis, le tenant levé devant son nez :

— Voici, dit-il, un doigt de ma main que j'ai fait docteur et avec qui je disputerai doctement. C'est un platonicien, si ce n'est Platon lui-même.

» Messer Platon, qu'est-ce que le pur ? Je vous entends, messer Platon. Vous affirmez que la connaissance est pure quand elle est privée de tout ce qui se voit, s'ouït, se touche et généralement s'éprouve. Vous m'accordez, d'un signe de votre bonnet, que la vérité sera vérité pure aux mêmes conditions.

12.

C'est-à-dire, moyennant qu'on la rende muette, aveugle, sourde, cul-de-jatte, paralytique, percluse de tous ses membres. Et je reconnais volontiers qu'en cet état, elle échappera aux illusions qui se jouent des hommes, et ne courra pas le guilledou. Vous êtes un grand railleur, messer Platon, et vous vous êtes beaucoup moqué du monde. Quittez votre bonnet.

Et le contradicteur, ayant rabattu le pan de son manteau, adressa de nouveau la parole au saint homme Giovanni :

— Ami, ces sophistes ne savaient ce que c'est que la Vérité. Mais moi, qui suis physicien et grand observateur des curiosités naturelles, tu peux m'en croire si je te dis qu'elle est blanche, ou plutôt qu'elle est le blanc.

» D'où il ne faut pas induire, t'ai-je dit, qu'elle est pure. Crois-tu que madame Eletta, de Vérone, qui avait les cuisses comme du lait, les eût pour cela abstraites du reste de l'univers, retranchées dans l'invisible et dans l'intangible, qui est le pur, selon la doctrine platonicienne ? Ce serait une excessive erreur.

— Je ne connais point cette dame Eletta, dit le saint homme Giovanni.

— Elle s'est donnée toute vive, dit le contradicteur, à deux papes, à soixante cardinaux,
à quatorze princes, à dix-huit marchands, à
la reine de Chypre, à trois Turcs, à quatre
juifs, au singe du seigneur évêque d'Arezzo, à
un hermaphrodite et au diable. Mais nous
nous éloignons de notre sujet, qui est de trouver
le propre caractère de la Vérité.

» Or, si ce caractère, comme je viens de
l'établir contre Platon lui-même, ne peut être
la pureté, il est croyable que c'est l'impureté,
laquelle impureté est la condition nécessaire
de tout ce qui existe. Car nous venons de voir
que le pur n'a ni vie ni connaissance. Et tu
as suffisamment éprouvé, j'imagine, que la vie
et tout ce qui s'y rapporte se trouve composé,
mélangé, divers, tendant à croître ou à dimi-
nuer, instable, soluble, corruptible, et non pur.

— Docteur, répondit Giovanni, vos raisons
ne valent rien, puisque Dieu, qui est tout pur,
existe.

Et le docteur subtil répliqua :

— Si tu lisais mieux tes livres, mon fils,
tu verrais qu'il y est dit de Celui que tu viens
de nommer, non point : « Il existe », mais : « Il

est ». Or exister et être n'est point une même
chose, mais ce sont deux choses contraires. Tu
vis, et ne dis-tu pas toi-même : « Je ne suis
» rien ; je suis comme si je n'étais pas. » Et tu ne
dis pas : « Je suis celui qui est. » Parce que
vivre c'est à tout moment cesser d'être. Et tu dis
aussi : « Je suis plein d'impuretés », parce que
tu n'es pas une chose unique, mais un mélange
de choses qui s'agitent et se combattent.

— Voici que vous parlez sagement, répondit
le saint homme, et je connais à vos discours
que vous êtes très avancé, messer Subtil, dans
les sciences tant divines qu'humaines. Car il
est vrai que Dieu est celui qui est.

— Par le corps de Bacchus, reprit l'autre, il
est parfaitement et universellement. Pour quoi
nous sommes dispensés de le chercher en quelque lieu, assurés qu'il ne se rencontre ni plus
ni moins en une place qu'en toute autre et
qu'on ne trouverait pas une seule paire de
vieux housseaux qui n'en contînt sa juste part.

— Cela est admirable et certain, répondit
Giovanni. Mais il convient d'ajouter qu'il est
plus spécialement dans les saintes espèces, par
l'effet de la transsubstantiation.

— Voire, dit le docteur, il y est mangeable. Observe encore, mon fils, qu'il est rond dans une pomme, allongé dans une aubergine, tranchant dans un couteau et sonore dans une flûte. Il a toutes les qualités des substances. Il a aussi toutes les propriétés des figures. Il est aigu et il est obtus, puisqu'il est à la fois tous les triangles possibles ; ses rayons sont égaux et inégaux, puisqu'il est le cercle et l'ellipse, et il est encore l'hyperbole, qui est une figure indescriptible.

Tandis que le saint homme Giovanni méditait ces vérités sublimes, il entendit le docteur Subtil qui éclatait de rire. Alors il lui demanda :

— Pourquoi ris-tu ?

— Je ris, dit le docteur, en songeant qu'on a découvert en moi certaines contrariétés et contradictions, et qu'on me les a reprochées amèrement. Il est vrai que j'en ai plusieurs. Mais l'on ne voit pas que, si je les avais toutes, je serais semblable à l'Autre.

Et le saint homme demanda :

— De quel autre parles-tu ?

Et le Contradicteur répondit :

— Si tu savais de qui je parle, tu saurais qui je suis. Et mes meilleures paroles tu ne les

entendrais pas volontiers, parce qu'on m'a beaucoup nui. Au contraire, si tu ignores qui je
suis, je te serai très utile. Je te ferai connaître
que les hommes sont extrêmement sensibles aux
sons qui se forment sur les lèvres, et qu'ils se
font tuer pour des mots qui n'ont point de sens,
comme il se voit par l'exemple des martyrs,
et par ton propre exemple, ô Giovanni, qui te
réjouis d'être étranglé et puis brûlé au chant
des sept psaumes, sur la place de Viterbe, pour
ce mot de Vérité auquel il te serait impossible
de trouver une signification raisonnable.

» Et certes tu fouillerais tous les coins et
recoins de ton obscure cervelle, et tu remuerais
toutes les toiles d'araignée et toute la vieille
ferraille qui s'y trouvent, sans jamais découvrir le crochet qui ouvre ce mot et en tire le
sens. Et sans moi, mon pauvre ami, tu te serais
fait pendre et puis brûler pour trois syllabes
que ni toi ni tes juges n'entendez, en sorte
qu'on n'aurait jamais su qui mépriser le plus,
des bourreaux ou de la victime.

» Sache donc que la Vérité, ta dame bien-
aimée, est faite d'éléments où se rencontrent
l'humide et le sec, le dur et le mou, le froid et

son contraire, et qu'il en est de cette dame comme des dames charnelles en qui le tendre et le chaud n'est pas répandu également sur tout le corps.

Fra Giovanni doutait dans sa simplicité si ce discours était bien honnête. Le Contradicteur lut dans la pensée du saint homme. Et il le rassura, disant :

— Ce sont là des connaissances que l'on acquiert à l'école. Je suis théologien.

Il se leva et dit encore :

— J'ai regret de te quitter, ami. Mais je ne puis durer plus longtemps près de toi. Car j'ai beaucoup de contradictions à porter aux hommes. Et je ne puis goûter de repos ni jour ni nuit. Il faut que j'aille sans cesse d'un lieu à un autre, posant ma lanterne tantôt sur le pupitre du clerc, tantôt sur le chevet de l'homme souffrant qui veille.

Ayant dit, il s'en alla comme il était venu. Et le saint homme Giovanni se demanda : « Pourquoi ce docteur a-t-il dit que la vérité est blanche ? » Et, couché sur la paille, il remuait cette idée dans sa tête. Son corps participait de l'inquiétude de son âme et se retournait de côté et d'autre sans trouver le repos.

XIV

LE SONGE

C'est pourquoi, demeuré seul dans la geôle, il pria le Seigneur, disant :

— Mon Seigneur, votre bonté est infinie à mon endroit et votre prédilection manifeste, puisque vous avez voulu que je fusse couché sur un tas de fumier, comme Job et Lazare, que tant vous aimâtes. Et vous m'avez donné de connaître que la paille immonde est au juste un doux oreiller. O vous, cher fils de Dieu, qui descendîtes aux enfers, bénissez le repos de votre serviteur couché dans la fosse obscure. Et puisque les hommes m'ont privé d'air et de lumière, parce que je confessais la

vérité, daignez m'éclairer des lueurs de l'aube
éternelle et me nourrir des flammes de
votre amour, ô vivante Vérité, Seigneur, mon
Dieu !

Ainsi le saint homme Giovanni priait des
lèvres. Mais il lui souvenait en son cœur des
discours du Contradicteur. Et il était troublé
jusques au fond de l'âme. Et dans le trouble
et l'angoisse il s'endormit.

Et parce que la pensée du Contradicteur
pesait sur son sommeil, il ne s'endormit pas
comme le petit enfant couché sur le sein de sa
mère. Et son dormir ne fut point de rire et de
lait. Et il eut un songe. Et il vit en rêve une
roue immense qui de vives couleurs brillait.

Et elle ressemblait à ces roses de lumière
qui fleurissent au portail des églises, par l'art
des ouvriers tudesques, et qui font paraître
dans le verre limpide l'histoire de la Vierge
Marie et la gloire des prophètes. Mais de ces
roses le Toscan ignore l'artifice.

Et cette roue était grande, lucide et claire
mille fois plus que la mieux ouvrée de toutes
ces roses qui furent divisées au compas et
peintes au pinceau dans les pays d'Allemagne.

Et l'empereur Charles n'en vit pas une pareille
le jour de son sacre.

Celui seul contempla de ses yeux mortels
une roue plus splendide, qui, conduit par une
dame, entra vêtu de chair au Saint Paradis.
Et cette rose semblait faite de lumière et elle
était vivante. A la bien regarder, on s'aperce-
vait qu'elle était formée d'une multitude de
figures animées, et que des hommes de tout âge
et de tout état, en foule pressée, composaient
le moyeu, les bras et la jante. Ces hommes étant
vêtus selon leur condition, on reconnaissait
aisément le pape, l'empereur, les rois et les
reines, les évêques, les barons, les chevaliers,
les dames, les écuyers, les clercs, les bourgeois,
les marchands, les procureurs, les apothicaires,
les laboureurs, les ribaudes, les maures et les
juifs. Et, parce que tous les habitants de la
terre paraissaient sur cette roue, on y voyait les
satyres et les cyclopes, les pygmées et les centaures que l'Afrique nourrit dans ses sables
brûlants, et les hommes que rencontra Marco
Polo le voyageur, lesquels naissent sans tête,
avec un visage au-dessous du nombril.

Et des lèvres de chacun de ces hommes

sortait une banderole portant une devise. Or
chaque devise était d'une couleur qui ne paraissait sur aucune autre, et, dans le nombre incal-
culable des devises, on n'en eût pas rencontré
deux de la même apparence. Mais les unes
étaient trempées dans la pourpre, les autres
teintes des lueurs du ciel et de la mer, ou du
clair des astres. Il y en avait qui verdoyaient
comme l'herbe. Plusieurs étaient très pâles,
plusieurs très sombres. En sorte que le regard
retrouvait sur ces devises toutes les couleurs
dont l'univers est peint.

Le saint homme Giovanni commença de les
lire.

Et, par ce moyen, il connut les pensées
diverses des hommes. Et, ayant lu assez avant,
il s'aperçut que ces devises étaient variées par
le sens des mots autant que par la couleur des
lettres, et que les sentences s'opposaient entre
elles de telle sorte qu'il n'en était pas une
seule qui ne contredît toutes les autres.

Mais il vit aussi que cette contrariété, qui
existait dans la tête et le corps des maximes,
ne subsistait pas dans leur queue, et que
toutes s'accordaient par le bas très exacte-

ment, et qu'elles allaient à leur terme de la
même manière, car chacune finissait par ces
mots : Telle est la vérité.

Et il se dit en lui-même :

— Ces devises sont semblables aux fleurs
que les jeunes hommes et les demoiselles cueil-
lent dans les prairies de l'Arno, pour les lier
en bouquets. Car ces fleurs s'assemblent facile-
ment par les queues, tandis que les têtes s'écar-
tent et disputent d'éclat entre elles. Et il en est
de même des opinions de ces gens terrestres.

Et le saint homme trouva dans les devises
une multitude de contrariétés touchant l'ori-
gine de la souveraineté, les sources de la connaissance, les plaisirs et les peines, les choses
qui sont permises et celles qui ne le sont
pas. Et il y découvrit aussi de grandes difficultés relativement à la figure de la terre et à
la divinité de N.-S. Jésus-Christ, à cause des
hérétiques, des arabes, des juifs, des monstres
de l'Afrique et des épicuriens qui, sur la roue
étincelante, paraissaient, une banderole aux
lèvres.

Et chaque sentence se terminait par ces
mots : Telle est la vérité. Et le saint homme

Giovanni s'émerveilla de contempler tant de vérités diversement colorées. Il en voyait de rouges, de bleues, de vertes, de jaunes, et il n'en voyait pas de blanche. Non pas même celle que proclamait le pape, à savoir : « La Pierre a remis à Pierre les couronnes de la terre ». Car cette devise était tout empourprée et comme sanglante.

Et le saint homme soupira :

— Je ne rencontrerai donc pas sur la roue universelle la Vérité blanche et pure, l'albe et candide Vérité que je cherche.

Et il appela la Vérité, disant avec des larmes :

— Vérité pour qui je meurs, parais aux regards de ton martyr !

Et, comme il gémissait de la sorte, la roue vivante se mit à tourner, et les devises, en se mélangeant, cessèrent d'être distinctes, et il se forma sur le grand disque des cercles de toutes couleurs, et ces cercles étaient plus grands à mesure qu'ils s'éloignaient du centre.

Et, le mouvement devenu plus rapide, ces cercles s'effacèrent les uns après les autres ; les plus grands disparurent les premiers, par l'effet de la vitesse qui était plus forte vers la jante. Mais quand la roue devint si agile à tourner que l'œil, ne pouvant apercevoir le mouvement, la jugeait inerte, les moindres cercles s'évanouirent comme l'étoile du matin, quand le soleil pâlit les collines d'Assise.

Alors la roue parut toute blanche. Et elle passait en éclat l'astre limpide où le Florentin vit dans la rosée Béatrice. Et l'on eût dit qu'un ange, ayant essuyé la perle éternelle pour en ôter les taches, l'avait posée sur la terre, tant la roue ressemblait à la lune qui, au plus haut du ciel, brille un peu voilée par la gaze des nuées légères. Car alors aucune figure d'homme portant des fagots ni aucun signe n'est marqué sur sa face d'opale. Et, de même, il n'y avait nulle tache sur la roue lumineuse.

Et le saint homme Giovanni ouït une voix qui lui disait :

— Contemple la Vérité blanche que tu désirais connaître. Et sache qu'elle est faite de toutes les vérités contraires, en même façon que de toutes les couleurs est composé le blanc. Et cela, les enfants de Viterbe le savent, pour avoir fait tourner sur l'aire du marché des toupies bariolées. Mais les docteurs de Bologne n'ont point deviné les raisons de cette apparence. Or en chacune de ces devises était une part de la Vérité, et de toutes se forme la devise véritable.

— Hélas! répondit le saint homme, comment la pourrai-je lire? Mes yeux sont éblouis.

Et la voix reprit :

— Il est vrai qu'on n'y voit que du feu. Cette devise par nuls caractères latins, arabes ou grecs, par nuls signes magiques ne sera jamais exprimée, et il n'est point de main qui puisse la tracer en signes de flamme sur les murs des palais.

» Ami, ne t'obstine pas à lire ce qui n'est pas écrit. Sache seulement que tout ce qu'un homme a pensé ou cru dans sa vie brève est une parcelle de cette infinie Vérité; et que, de même qu'il entre beaucoup d'ordure dans ce qu'on appelle monde, c'est-à-dire arrangement, ordre, propreté, de même les maximes des méchants et des fous, qui sont le commun des hommes, participent en quelque chose de l'universelle Vérité, laquelle est absolue, permanente et divine. Ce qui me fait craindre pour elle qu'elle n'existe pas.

Et, ayant poussé un grand éclat de rire, la voix se tut.

Et le saint homme vit s'allonger un pied chaussé de chausses rouges qui, à travers la chaussure, semblait fourchu et en forme de pied de bouc, mais beaucoup plus grand. Et ce pied frappa la roue lumineuse sur le rebord de la jante si rudement, qu'il en jaillit des étincelles comme d'un fer battu par le marteau du forgeron et que la machine bondit pour retomber au loin, fracassée. Cependant l'air s'emplit d'un rire si aigu que le saint homme s'éveilla.

Et, dans l'ombre livide de la prison, il songea tristement :

— Je n'espère plus connaître la Vérité, si, comme il vient de m'être manifeste, elle ne se montre que dans les contradictions et les contrariétés, et comment oserai-je être par ma mort le témoin et le martyr de ce qu'il faut croire, après que le spectacle de la roue universelle m'a fait paraître que tout mensonge est une parcelle de la Vérité parfaite et incon-

naissable? Pourquoi, mon Dieu! avez-vous
permis que je visse ces choses, et qu'il me fût
révélé avant mon dernier sommeil que la Vérité
est partout et qu'elle n'est nulle part?

Et, la tête dans les mains, le saint homme
pleura.

XV

LE JUGEMENT

Fra Giovanni fut conduit devant les magistrats de la République pour être jugé selon la loi de Viterbe. Et l'un des magistrats dit aux gardes :

— Otez-lui ses chaînes. Car tout accusé doit paraître librement devant nous.

Et Giovanni songea :

— Pourquoi le juge prononce-t-il des paroles obliques ?

Et le premier des magistrats commença d'interroger le saint homme. Il lui dit :

— Giovanni, homme mauvais, ayant été mis en prison par l'auguste clémence des lois, tu as parlé contre ces lois. Et tu as ourdi avec des méchants, enchaînés dans le même cachot que toi, un complot contre l'ordre établi dans la ville.

Le saint homme Giovanni répondit :

— J'ai parlé pour la justice et pour la Vérité. Si les lois de la ville sont conformes à la justice et à la vérité, je n'ai pas parlé contre elles. J'ai prononcé des paroles d'amour. J'ai dit :

» Ne tentez pas de détruire la force par la force. Soyez pacifiques au milieu des guerres, afin que l'esprit de Dieu se pose en vous comme le petit oiseau sur la cime d'un peuplier, dans la vallée recouverte par l'eau du torrent. J'ai dit : « Soyez doux aux violents ».

Et le juge cria avec colère :

— Parle ! apprends-nous qui sont les violents.

Et le saint homme dit :

— Vous voulez traire la vache qui a donné tout son lait et apprendre de moi plus que je ne sais.

Mais le juge imposa silence au saint homme, et il dit :

— Ta langue a lancé la flèche du discours;

et le trait visait les princes de la République.
Mais il est tombé plus bas, et s'est retourné
contre toi.

Et le saint homme dit :

— Vous me jugez, non sur mes actes et
mes paroles, qui sont manifestes, mais sur
mes intentions qui ne sont visibles qu'à Dieu.

Et le juge répondit :

— Si nous ne voyions pas l'invisible et
si nous n'étions pas des dieux sur la terre,
comment nous serait-il possible de juger des
hommes ? Ne sais-tu pas qu'il vient d'être fait
une loi dans Viterbe, qui poursuit jusqu'aux pensées les plus secrètes ? Car la police des villes
se parfait sans cesse, et le sage Ulpien, qui
tenait la règle et l'équerre au temps de César,
serait surpris lui-même, s'il voyait nos équerres
et nos règles meilleures.

Et le juge dit encore :

— Giovanni, tu as conspiré dans ta prison
contre la chose publique.

Mais le saint homme nia d'avoir conspiré
contre la chose de Viterbe. Alors le juge dit :

— Le geôlier en a témoigné.

Et le saint homme demanda :

— De quel poids sera mon témoignage dans un plateau, quand celui du geôlier est dans l'autre ?

Le juge répondit :

— Dans la balance, le tien sera trouvé léger.

C'est pourquoi le saint homme garda le silence.

Et le juge dit :

— Tout à l'heure, tu parlais, et tes paroles prouvaient ta perfidie. Et voici que tu te tais, et ton silence est l'aveu de ton crime, et tu as avoué deux fois que tu es coupable.

Et celui des magistrats qu'on nommait l'Accusateur se leva et dit :

— L'insigne ville de Viterbe parle par ma voix, et ma voix sera grave et calme, parce qu'elle est la voix publique. Et vous croirez entendre parler une statue de bronze, car je n'accuse pas avec mon cœur et mes entrailles, mais avec les tables d'airain sur lesquelles la loi est écrite.

Et aussitôt il commença de s'agiter et de prononcer des paroles violentes. Et il récita l'argument d'un drame, à l'imitation de Sénèque le tragédien. Et ce drame était plein de crimes .

commis par le saint homme Giovanni. Et l'Accusateur jouait successivement tous les personnages de la tragédie. Il imitait les plaintes des
victimes et la voix de Giovanni, afin de mieux
frapper les âmes. Et l'on croyait entendre et
voir Giovanni lui-même, saoul de haine et de
crime. Et l'Accusateur s'arracha les cheveux,
déchira sa robe et tomba accablé sur son siège
auguste.

Et celui des juges qui avait interrogé l'accusé prit de nouveau la parole et dit :

— Il convient qu'un citoyen défende cet
homme. Car nul, d'après la loi de Viterbe, ne
peut être condamné avant d'avoir été défendu.

Alors un avocat de Viterbe monta sur un
escabeau et parla en ces termes :

— Si ce moine a dit et fait ce qui lui est
reproché, il est très méchant. Mais on n'a pas
la preuve qu'il ait parlé et agi de la manière
qu'on croit. Et, bons seigneurs, en eût-on la
preuve, il conviendrait de considérer encore
l'extrême simplicité de cet homme et la fai-
blesse de son entendement. Il était, sur la
place publique, la risée des enfants. C'est un
ignorant. Il a fait beaucoup d'extravagances ;

je le crois, pour ma part, dénué de raison. Ce qu'il dit vaut autant que rien, et il ne sait rien faire. Je crois qu'il a fréquenté de mauvaises sociétés. Il répète ce qu'il a entendu sans le comprendre. Il est trop stupide pour être puni. Cherchez ceux qui l'ont endoctriné. Ce sont les coupables. Il y a beaucoup d'incertitudes en cette affaire, et le sage a dit: « Dans le doute, abstiens-toi. »

Ayant parlé, l'avocat descendit de son escabeau. Et frère Giovanni reçut sa sentence de mort. Et il lui fut dit qu'il serait pendu sur la place où les paysannes viennent vendre des fruits et les enfants jouer aux osselets.

Et un très insigne docteur en droit, qui se trouvait parmi les juges, se leva et dit :

— Giovanni, il te convient de souscrire à la sentence qui te condamne, car, prononcée au nom de la ville, elle est prononcée par toi-même, en tant que partie de la ville. Et tu y as une part honorable, comme citoyen, et je te prouverai que tu dois être content d'être étranglé par justice.

» En effet, le contentement du tout comprend et renferme le contentement des parties, et, puisque tu es une partie, infime à la vérité et misérable, de la noble ville de Viterbe, ta condamnation qui contente la communauté doit te contenter toi même.

» Et je te démontrerai encore que tu dois estimer ton arrêt de mort aimable et décent. Car il n'y a rien d'utile et de convenable comme le droit, qui est la juste mesure des choses et il doit te plaire qu'on t'ait fait cette bonne mesure. D'après les règles établies par César Justinien, tu as reçu ton dû. Et ta condamnation est juste, par là plaisante et bonne. Mais, serait-elle injuste et entachée et contaminée d'ignorance et d'iniquité (ce qu'à Dieu ne plaise), il te conviendrait encore de l'approuver.

» Car une sentence injuste, quand elle est prononcée dans les formes de la justice, participe de la vertu de ces formes et demeure par elles auguste, efficace et de grande vertu. Ce qu'il y a de mauvais en elle est transitoire et de peu de conséquence, et n'affecte que le particulier, tandis que ce qu'elle a de bon, elle le tient de la fixité et permanence de l'institution de justice et, par là, elle satisfait le général. En raison de quoi, Papinien proclame qu'il vaut mieux juger faussement que de ne point juger du tout, car les hommes sans justice sont autant que bêtes en forêts, tandis que, par justice, se manifeste leur noblesse et dignité, ainsi qu'il se voit par l'exemple des juges de l'Aréopage, qui étaient en singulier honneur chez les Athéniens. Or, comme il est nécessaire et profitable de juger, et qu'il n'est pas possible de juger sans faute ni erreur, il s'ensuit que l'erreur et la faute sont comprises dans l'excellence de la justice et participent de cette excellence. Par quoi, si tu croyais ta sentence inique, tu devrais te complaire dans cette iniquité, en tant qu'alliée et amalgamée à l'équité, de même que l'étain et le cuivre sont mêlés, pour composer le bronze qui est un métal précieux et employé à de très nobles usages, de la manière que dit Pline en ses histoires.

Le docteur énuméra ensuite les commodités et avantages de l'expiation qui lavent la faute, comme les servantes lavent chaque samedi le parvis des maisons. Et il représenta au saint homme quel bienfait c'était pour lui d'être condamné à mort par l'auguste volonté de la

république de Viterbe qui lui avait donné des
juges et un défenseur. Et quand le docteur se
tut, à bout de paroles, fra Giovanni fut remis
aux fers et reconduit en prison.

XVI

LE PRINCE DU MONDE

Or, le matin du jour marqué pour son supplice, le saint homme Giovanni dormait profondément. Et le docteur Subtil, ayant ouvert la porte du cachot, tira le dormeur par la manche et cria :

— Holà ! fils de la femme, éveille-toi ! Jà le jour ouvre ses prunelles grises. L'alouette chante, et les vapeurs du matin caressent le flanc des monts. On voit glisser sur les coteaux les nuées souples et blanches aux reflets de rose, qui sont les flancs, les ventres et les fesses des nymphes immortelles, filles divines des eaux et du ciel, ondoyant troupeau des vierges

matinales, que le vieillard Océanus mène par
les montagnes et qui reçoivent dans leurs bras
frais, sur un lit d'hyacinthes et d'anémones,
les dieux maîtres du monde, et les bergers
aimés des déesses. Car il est des bergers que
leurs mères firent beaux et dignes du lit des
nymphes, habitantes des sources et des bocages.

» Et moi-même, qui ai beaucoup étudié les
curiosités naturelles, voyant tout à l'heure ces
nuées se couler voluptueusement au ventre du
coteau, j'en concevais des désirs, dont je ne
sais rien, sinon qu'ils naissaient vers mes
lombes, et que, ainsi qu'Hercule enfant, ils
montraient leur force dès le berceau. Et ces
désirs n'étaient point que de vapeurs rosées et
de nuées légères : ils me représentaient précisément une fille nommée Mona Libetta, que
j'ai connue en passant à Castro, dans une
auberge où elle était servante et toute au bon
plaisir des muletiers et des soldats.

» Et l'image que je me faisais de Mona Libetta,
ce matin, en cheminant sur les rampes de la
colline, était merveilleusement embellie par
la douceur du souvenir et le regret de l'absence,
et elle était parée de toutes les illusions, qui,

naissant en l'endroit des lombes que je t'ai dit, répandent ensuite leur feu parfumé dans toute l'âme du corps, et la pénètrent d'ardeurs languissantes et de souffrances délicieuses.

» Car il faut que tu saches, ô Giovanni, qu'à la voir tranquillement et d'un œil froid, cette fille n'était pas bien différente de toutes celles qui, dans les campagnes d'Ombrie et des Romagnes, vont au pré traire les vaches. Elle avait des yeux noirs, lents et farouches, le visage brun, la bouche grande, la poitrine lourde, le ventre jaune et le devant des jambes, à partir du genou, hérissé de poils. Elle riait ordinairement d'un rire épais ; mais, dans le plaisir, sa face devenait sombre et comme étonnée par la présence d'un dieu. C'est là ce qui m'avait attaché à elle, et j'ai beaucoup médité depuis sur la nature de cet attachement, car je suis docteur et habile à chercher les raisons des choses.

» Et j'ai découvert que la force qui m'attirait vers cette Mona Libetta, servante d'auberge à Castro, était la même qui gouverne les astres dans le ciel, et qu'il n'y a qu'une force au monde, qui est l'amour, laquelle est aussi la haine, comme il paraît par l'exemple de cette Mona Libetta qui fut beaucoup baisée, et battue tout autant.

» Et il me souvient qu'un palefrenier du pape, lequel était son meilleur ami, la frappa si rudement, une nuit, dans le grenier où il couchait avec elle, qu'il l'y laissa pour morte. Et il s'en alla criant par les rues que des vampires avaient étranglé la fille. Ce sont des sujets qu'il faut méditer si l'on veut se faire quelque idée de la bonne physique et de la philosophie naturelle.

Ainsi parla le docteur Subtil. Et le saint homme Giovanni, se dressant sur sa couche de fumier, répondit :

— Docteur, sont-ce là les discours qu'il convient de tenir à un homme qui va être pendu tout à l'heure? Je doute, en t'écoutant, si tes paroles sont d'un homme de bien et d'un insigne théologien, ou si elles ne viennent pas plutôt d'un songe envoyé par l'ange des ténèbres.

Et le docteur Subtil répondit :

— Qui te parle d'être pendu? Sache, Giovanni, que je suis venu ici, dès la fine pointe

du jour, pour te délivrer et t'aider à fuir.
Vois : j'ai revêtu l'habit d'un geôlier ; la porte
de la prison est ouverte. Viens, hâte-toi !

Et le saint homme, s'étant levé, répondit :

— Docteur, prenez garde à ce que vous dites.
J'ai fait le sacrifice de ma vie. Et j'avoue qu'il
m'en a coûté. Si, croyant sur votre parole que
je suis rendu à la vie, on me mène au lieu de
justice, il me faudra faire un second sacrifice
plus douloureux que le premier, et souffrir
deux morts. Et je vous avoue que mon envie
du martyre s'en est allée, et que le désir
m'est venu de respirer le jour sous les pins de
la montagne.

Le docteur Subtil répliqua :

— Il se trouve que j'avais dessein de te mener
sous les pins qui sonnent au vent avec la douceur triste de la flûte. Nous déjeunerons sur
la pente moussue qui regarde la ville. Viens !
Pourquoi tardes-tu ?

Et le saint homme dit :

— Avant de partir avec vous, je voudrais
bien savoir qui vous êtes. Je suis déchu de
ma première constance. Mon courage n'est plus
qu'un brin de paille sur l'aire dévastée de ma

vertu. Mais il me reste la foi au fils de Dieu et,
pour sauver mon corps, je ne voudrais pas
perdre mon âme.

— Vraiment, dit le docteur Subtil, tu crois
que j'ai envie de ton âme! Est-elle donc si belle
demoiselle et gentille dame pour que tu aies
peur que je te la prenne? Garde-la, mon ami,
je n'en ferais rien.

Le saint homme n'était pas rassuré par ces
discours qui n'exhalaient point une pieuse
odeur. Mais, comme il avait grande envie d'être
libre, il n'en chercha pas davantage, suivit
le docteur et franchit avec lui le guichet de la
prison.

Et seulement quand il fut dehors, il demanda:

— Qui es-tu, toi qui envoies des songes aux
hommes et qui délivres les prisonniers? Tu as
la beauté d'une femme et la force d'un homme,
et je t'admire, et je ne peux pas t'aimer.

Et le docteur Subtil répondit :

— Tu m'aimeras dès que je t'aurai fait du mal.
Les hommes ne peuvent aimer que ceux qui
les font souffrir. Et il n'y a d'amour que dans
la douleur.

Et, parlant de la sorte, ils sortirent de la ville

et prirent les sentiers de la montagne. Et, quand ils eurent longtemps cheminé, ils virent à l'orée du bois une maison couverte de tuiles rouges. Devant la maison, du côté de la plaine, s'étendait une terrasse plantée d'arbres fruitiers et bordée de vignes.

Ils s'assirent dans la cour sous un cep aux feuilles dorées par l'automne et d'où pendaient des grappes de raisin. Et là une jeune fille leur servit du lait, du miel et des gâteaux de maïs.

Alors le docteur Subtil allongeant le bras cueillit une pomme vermeille, y mordit et la donna au saint homme. Et Giovanni mangea et but; et sa barbe était toute blanche de lait et ses yeux riaient en regardant le ciel, qui les emplissait d'azur et de joie. Et la jeune fille sourit.

Et le docteur Subtil dit :

— Regarde cette enfant ; elle est bien plus jolie que Mona Libetta.

Et le saint homme, ivre de lait et de miel, joyeux dans la lumière du jour, chanta des chansons que sa mère chantait quand elle le portait dans ses bras. C'étaient des chansons de bergers et de bergères, et l'on y parlait d'amour. Et comme la jeune fille écoutait sur le seuil de la porte, le saint homme se leva, courut tout chancelant vers elle, la prit dans ses bras et lui donna sur les joues des baisers pleins de lait, de rire et de joie.

Et le docteur Subtil ayant payé l'écot, les deux voyageurs s'en allèrent vers la plaine.

Comme ils marchaient le long des saules argentés qui bordent la rivière, le saint homme dit :

— Asseyons-nous. Car voici que je suis las.

Et ils s'assirent sous un saule, et ils voyaient les iris recourber leurs lames sur le rivage et les mouches éclatantes voler sur les eaux. Mais Giovanni ne riait plus, et son visage était triste.

Et le docteur Subtil lui demanda :

— Pourquoi es-tu soucieux ?

Et Giovanni lui répondit :

— J'ai senti par toi la caresse des choses vivantes, et je suis troublé dans mon cœur. J'ai goûté le lait et le miel. J'ai vu la servante au seuil de la maison et j'ai connu qu'elle était belle. Et l'inquiétude est dans mon âme et dans ma chair.

« Quel chemin j'ai fait depuis le moment que je t'ai connu. Te souvient-il du bois d'yeuses où je t'ai vu pour la première fois ? Car je te reconnais.

» C'est toi qui m'as visité dans mon ermitage et qui m'apparus avec des yeux de femme qui brillaient sous un voile léger, tandis que ta bouche délicieuse m'enseignait des difficultés sur le Bien. C'est toi encore qui te montras à moi dans la prairie sous ta chape d'or, tel qu'un Ambroise ou qu'un Augustin. Je ne connaissais pas alors le mal de penser. Et tu m'as donné la pensée. Et tu as mis la superbe comme un charbon de feu sur mes lèvres. Et j'ai médité. Mais, dans la roide nouveauté de l'esprit et dans la jeunesse encore rude de l'intelligence, je ne doutais pas. Et tu es venu encore à moi et tu m'as donné l'incertitude et tu m'as fait boire le doute comme du vin. Voici qu'aujourd'hui je goûte par toi l'illusion délicieuse des choses et que l'âme des bois et des ruisseaux, du ciel et de la terre et des formes animées, entre dans ma poitrine.

» Et je suis malheureux parce que je t'ai suivi, Prince des hommes !

Et Giovanni contempla son compagnon, beau comme le jour et la nuit. Et il lui dit :

— C'est par toi que je souffre, et je t'aime. Je t'aime parce que tu es ma misère et mon orgueil, ma joie et ma douleur, la splendeur et la cruauté des choses, parce que tu es le désir et la pensée, et parce que tu m'as rendu semblable à toi. Car ta promesse dans le Jardin, à l'aube des jours, n'était pas vaine et j'ai goûté le fruit de la science, ô Satan !

Giovanni dit encore :

— Je sais, je vois, je sens, je veux, je souffre. Et je t'aime pour tout le mal que tu m'as fait. Je t'aime parce que tu m'as perdu.

Et, se penchant sur l'épaule de l'ange, l'homme pleura.

VIII

LE MYSTÈRE DU SANG

La bocca sua non diceva se non
Jesù e Caterina, e così dicendo
ricevatti el capo nelle mani mie,
fermando l'occhio nella Divina
Bontà, e dicendo : Io voglio...

*(Le lettere di S. Caterina da
Siena. —* XCVII, Gigli e Burla-
macchi).

La ville de Sienne était comme le malade
qui cherche en vain une bonne place sur son
lit et croit, en se retournant, tromper la douleur. Elle avait plusieurs fois changé le gouvernement de la république, qui passa des consuls
aux assemblées des bourgeois et qui, confié
d'abord aux nobles, fut exercé ensuite par les
changeurs, les drapiers, les apothicaires, les

fourreurs, les marchands de soie et toutes
gens adonnés aux arts supérieurs. Mais ces
bourgeois s'étant montrés faibles et cupides, le
peuple les chassa à leur tour et donna le pouvoir aux petits artisans. En l'an 1368e de
la glorieuse Incarnation du fils de Dieu, la
seigneurie fut composée de quatorze magistrats
choisis parmi les bonnetiers, les bouchers, les
serruriers, les cordonniers et les maçons, qui
formèrent un grand conseil appelé le Mont des
Réformateurs. C'étaient des plébéiens rudes
comme la Louve de bronze, emblème de leur
Ville, qu'ils aimaient d'un amour filial et terrible. Mais le peuple, qui les avait établis sur
la république, avait laissé subsister au-dessous
d'eux les Douze, qui étaient de la classe
des banquiers et des riches marchands. Ceux-
ci conspiraient avec les nobles, à l'instiga-
tion de l'empereur, pour vendre la Ville au
pape.

Le césar allemand était l'âme du complot ;
il promettait ses lansquenets pour en assurer le
succès. Sa hâte était grande que l'affaire fût
faite, comptant qu'avec le prix de la vente il
pourrait retirer la couronne de Charlemagne,

engagée pour seize cent vingt florins chez les banquiers de Florence.

Cependant, ceux du Mont des Réformateurs, qui composaient la seigneurie, tenaient ferme la baguette du commandement et veillaient au salut de la République. Ces artisans, magistrats d'un peuple libre, avaient interdit à l'empereur, entré dans leurs murs, le pain, l'eau, le sel et le feu ; ils l'avaient chassé gémissant et tremblant, et ils condamnaient les conspirateurs à la peine capitale. Gardiens de la ville fondée par l'antique Rémus, ils imitaient la sévérité des premiers consuls de Rome. Mais leur ville, vêtue d'or et de soie, glissait entre leurs mains comme une courtisane lascive et perfide. Et l'inquiétude les rendait impitoyables.

En l'année 1370, ils apprirent qu'un gentilhomme de Pérouse, ser Nicolas Tuldo, avait été envoyé par le pape pour engager les Siennois à livrer, de concert avec César, la ville au Saint Père. Ce seigneur était dans la fleur de la jeunesse et de la beauté et il avait appris au milieu des dames cet art de plaire et de séduire qu'il exerçait maintenant dans le palais

des Salembeni et dans les boutiques des changeurs. Et, bien qu'il eut l'âme légère et l'esprit vain, il gagnait à la cause du pape force
bourgeois et quelques artisans. Instruits de ses
intrigues, les magistrats du Mont des Réformateurs le firent amener devant leur sérénissime conseil, et l'ayant interrogé sous le gonfalon de la république, où l'on voit un lion
qui s'élance, ils le déclarèrent convaincu d'at-
tentat contre la liberté de la ville.

Il n'avait répondu qu'avec un riant dédain
à ces cordonniers et à ces bouchers. Quand il
entendit prononcer son arrêt de mort, il tomba
dans un étonnement profond, et on le mena
comme endormi dans la prison. Mais aussitôt
qu'il y fut enfermé, s'éveillant de sa stupeur,
il regretta la vie avec toute l'ardeur d'un sang
jeune et d'une âme impétueuse; les images de
ses voluptés, armes, femmes, chevaux, se pressaient devant ses yeux, et à la pensée qu'il n'en
jouirait plus jamais, il fut transporté d'un si
furieux désespoir qu'il frappa des poings et
du front les murs de son cachot et qu'il poussa
des hurlements tels qu'on les entendait tout à
l'entour jusque dans les maisons des bourgeois

et dans les échoppes des drapiers. Le geôlier accouru à ses cris le trouva tout couvert de sang et d'écume.

Ser Niccola Tuldo ne cessa pas de hurler de rage pendant trois jours et trois nuits.

On en fit un rapport au Mont des Réformateurs. Les membres de la sérénissime seigneurie, ayant expédié les affaires pressées, examinèrent le cas du malheureux condamné.

Leone Rancati, briquetier de son état, dit :

— Cet homme doit payer de sa tête son crime envers la république de Sienne ; et personne ne peut le racheter de cette dette, sans usurper les droits sacrés de la cité, notre mère. Il faut qu'il meure. Mais son âme est à Dieu qui l'a créé, et il ne convient pas que, par notre faute, il meure dans le désespoir et dans le péché. Assurons donc son salut éternel par tous les moyens qui sont en notre pouvoir.

Matteino Renzano, le boulanger, qui était renommé pour sa sagesse, se leva à son tour et dit :

— Tu as bien parlé, Leone Rancati. C'est pourquoi il convient d'envoyer au condamné Catherine, la fille du foulon.

Cet avis fut approuvé par toute la Seigneurie qui résolut d'inviter Catherine à visiter Niccola Tuldo dans sa prison.

En ce temps-là, Catherine, fille de Giacomo, le foulon, parfumait de ses vertus la cité de Sienne. Elle habitait une cellule dans la maison de son père et portait l'habit des Sœurs de la Pénitence. Elle ceignait sous sa robe de laine blanche une chaîne de fer, et se flagellait chaque jour une heure. Puis montrant ses bras couverts de plaies, elle disait : « Voilà mes roses ! » Elle cultivait dans sa chambre des lys et des violettes, dont elle faisait des guirlandes pour les autels de la Vierge et des Saints. Et pendant ce temps elle chantait des hymnes en langue vulgaire à la louange de Jésus et de Marie. En ces tristes années où la ville de Sienne était une hôtellerie de douleur et une maison de joie, Catherine visitait les prisonniers, et elle disait aux prostituées : « Mes sœurs, que je voudrais vous cacher dans les plaies amoureuses du Sauveur ! » Et une vierge si pure, enflammée d'une telle charité, n'avait pu éclore et fleurir qu'à Sienne, qui, sous ses souillures et

parmi ses crimes, restait la cité de la Sainte-
Vierge.

Avertie par les magistrats, Catherine se rendit à la prison publique le matin du jour
où ser Niccola Tuldo devait mourir. Elle le
trouva étendu sur le pavé du cachot, blasphé-
mant à grands cris. Là, soulevant le voile
blanc que le bienheureux Dominique lui-
même, descendu du Paradis, avait posé sur son
front, elle découvrit au prisonnier un visage
d'une beauté céleste. Comme il la regardait,
étonné, elle se pencha sur lui pour essuyer
l'écume qui lui souillait la bouche.

Ser Niccola Tuldo, tournant sur elle des
yeux encore farouches, lui dit :

— Va-t'en ! Je te hais, parce que tu es de
Sienne, qui me tue. Oh ! Sienne, vraie louve,
qui enfonce ses crocs vils dans la gorge d'un
noble homme de Pérouse ! O louve ! ô lice
immonde et sauvage !

Catherine lui répondit :

— Mon frère, qu'est-ce qu'une ville, et que
sont toutes les cités de la terre, auprès de la
cité de Dieu et des anges ? Je suis Catherine, et
je viens te convier aux noces éternelles.

La douceur de cette voix et la clarté de ce
visage répandirent tout à coup la paix et la
lumière dans l'âme de Niccola Tuldo.

Il lui souvint de ses jours d'innocence, et il
pleura comme un enfant.

Le soleil, levé sur les Apennins, blanchissait
la prison de ses premiers rayons. Catherine dit :

— Voici l'aube ! Debout pour les noces éternelles, mon frère, debout !

Et, le soulevant, elle l'entraîna dans la chapelle, où fra Cattaneo l'entendit en confession.

Ser Niccola Tuldo assista ensuite dévotement
à la sainte messe et reçut le corps de Jésus.
Puis il se tourna vers Catherine et lui dit :

— Reste avec moi ; ne m'abandonne pas, et
je serai bien, et je mourrai content.

Les cloches se mirent à sonner, annonçant
l'exécution du criminel.

Catherine répondit :

— Mon doux frère, je t'attendrai au lieu de
la justice.

Alors, ser Niccola Tuldo sourit et dit, comme
ravi :

— Quoi ! La Douceur de mon âme m'atten-
dra au lieu saint de la justice !

Catherine songea et pria, disant :

— Mon Dieu, vous lui avez envoyé une grande lumière, puisqu'il appelle saint le lieu de la justice.

Ser Niccola dit encore :

— Oui, j'irai fort et joyeux. Il me tarde, comme si j'avais mille années à attendre, d'être là où je vous retrouverai.

— Aux noces, aux noces éternelles ! répéta Catherine en sortant de la prison.

On servit au condamné un peu de pain et de vin ; on lui donna un manteau noir ; puis il fut mené à travers les voies montueuses, au son des trompettes, entre les gardes de la ville, sous le gonfalon de la République. Les rues étaient pleines de curieux et les femmes soulevaient dans leurs bras leurs petits enfants pour leur montrer celui qui allait mourir.

Cependant Niccola Tuldo songeait à Catherine, et ses lèvres, longtemps amères, s'entr'ouvraient doucement comme pour baiser l'image de la sainte.

Après avoir monté quelque temps la rude chaussée de brique, le cortège atteignit une des hauteurs qui dominent la ville et le condamné

vit tout à coup, de ses yeux qui allaient
bientôt s'éteindre, les toits, les dômes, les clo-
chers, les tours de Sienne, et au loin les murs
qui suivaient la pente des collines. A cette
vue, il lui souvint de sa ville natale, de la
riante Pérouse, ceinte de jardins, où les eaux
vives chantent parmi les fruits et les fleurs.
Il revit la terrasse qui domine la vallée du
Trasimène où le regard boit le jour avec
délices.

Et le regret de la vie déchira de nouveau
son cœur.

Il soupira :

— O ma ville! O maison paternelle!

Puis la pensée de Catherine rentra dans son
âme et la remplit jusqu'aux bords d'allégresse
et de paix.

Enfin on parvint à la place du marché où,
chaque samedi, les paysannes de Camiano et
de Granayola étalent les citrons, les raisins, les
figues et les pommes d'or et jettent aux ména-
gères de joyeux appels mêlés de propos salés.
C'est là que l'échafaud était dressé. Ser Nicolas
Tuldo y vit Catherine qui priait à genoux, la
tête sur le billot.

Il gravit les degrés avec une joie impatiente.

Catherine, à sa venue, se leva et se tourna vers lui de l'air de l'épouse réunie à l'époux; elle voulut elle-même lui découvrir le col et placer son ami sur le billot comme sur un lit nuptial.

Puis elle s'agenouilla près de lui. Quand il eut dit trois fois avec ferveur : « Jésus, Catherine! » le bourreau abattit son épée, et la vierge reçut dans ses mains la tête coupée. Alors, il lui sembla que tout le sang de la victime se répandait en elle, et remplissait ses veines d'un flot doux comme le lait encore chaud ; une odeur délicieuse fit battre ses narines ; dans ses yeux noyés passaient des ombres d'anges. Étonnée et ravie, elle tomba mollement dans l'abîme des délices célestes.

Deux femmes du tiers ordre de Saint-Dominique, qui se tenaient au pied de l'échafaud, la voyant étendue sans mouvement, s'empressèrent de la relever et de la soutenir. La sainte, revenant à elle, leur dit :

— J'ai vu le ciel !

Comme une de ces femmes s'apprêtait à laver avec une éponge le sang qui couvrait

la robe de la vierge, Catherine l'arrêta vivement :

— Non, dit-elle, ne m'ôtez pas ce sang ; ne
me prenez point ma pourpre et mes parfums !

A Henri Lavedan.

IX

LA CAUTION

De tous les marchands de Venise, Fabio
Mutinelli était le plus exact à tenir ses engage-
ments. Il se montrait libéral et magnifique en
toute occasion et surtout à l'endroit des dames
et des gens d'église. L'élégante probité de ses
mœurs était célébrée dans toute la République,
et l'on admirait à San Zanipolo un autel d'or
qu'il avait offert à sainte Catherine pour l'amour

de la belle Catherine Manini, femme du séna-
teur Alesso Cornaro. Comme il était très riche,
il avait beaucoup d'amis, à qui il donnait des
fêtes et qu'il obligeait de sa bourse. Mais il
fit de grandes pertes dans la guerre contre les
Génois et dans les troubles de Naples. Il advint
aussi que trente de ses navires furent capturés
par les Uscoques ou périrent dans la mer. Le
pape, à qui il avait prêté de grosses sommes
d'argent, refusa d'en rien rendre. En sorte que
le magnifique Fabio fut dépouillé en peu de
temps de toutes ses richesses. Ayant vendu son
palais et sa vaisselle pour payer ce qu'il devait,
il se trouva dénué de tout. Mais habile, coura-
geux, très entendu au négoce et dans la vigueur
de l'âge, il ne songeait qu'à relever ses affaires.
Il fit beaucoup de calculs dans sa tête et estima
que cinq cents ducats lui étaient nécessaires
pour reprendre la mer et tenter de nouvelles
entreprises dont il augurait un succès heureux
et certain. Il demanda au seigneur Alesso
Bontura, qui était le plus riche citoyen de la
République, de vouloir bien lui prêter ces
cinq cents ducats. Mais le bon seigneur, estimant que, si l'audace procure les grands biens,

la prudence seule les conserve, refusa d'exposer
une si grosse somme au péril de la mer et de
la fortune. Fabio s'adressa ensuite au seigneur
Andrea Morosini, qu'il avait autrefois obligé
de toutes les manières.

— Très aimé Fabio, lui répondit Andrea, à
d'autres qu'à vous je prêterais volontiers cette
somme. Je n'ai point d'attachement pour les
pièces d'or et me conforme, sur ce point, aux
maximes d'Horace le satirique. Mais votre
amitié m'est chère, Fabio Mutinelli, et je risque-
rais de la perdre en vous prêtant de l'argent.
Car, le plus souvent, le commerce du cœur va
mal entre débiteur et créancier. J'en ai vu trop
d'exemples.

Sur cette parole, le seigneur Andrea fit
mine d'embrasser tendrement le marchand
et lui ferma la porte au nez.

Le lendemain, Fabio alla chez les banquiers
lombards et florentins. Mais aucun ne consentit
à lui prêter seulement vingt ducats sans caution. Il courut tout le jour de comptoir en
comptoir. Partout on lui répondait :

— Seigneur Fabio, nous vous connaissons
pour le marchand le plus probe de la ville, et

c'est à regret que nous vous refusons ce que vous demandez. Mais la bonne conduite des affaires l'exige.

Le soir, comme il regagnait tristement sa maison, la courtisane Zanetta, qui se baignait alors dans le canal, se suspendit à la gondole et regarda Fabio amoureusement. Du temps de sa richesse, il l'avait fait venir une nuit dans son palais et l'avait traitée avec bienveillance, car il était d'humeur riante et gracieuse.

— Doux seigneur Fabio, lui dit-elle, je sais vos malheurs; ils sont l'entretien de toute la ville. Écoutez-moi : je ne suis pas riche, mais j'ai quelques joyaux au fond d'un petit coffre. Si vous les acceptez de votre servante, gentil Fabio, je croirai que Dieu et la Vierge m'aiment.

Et il était vrai que, dans la nouveauté de l'âge et la fine fleur de sa beauté, la Zanetta était pauvre. Fabio lui répondit :

—Gracieuse Zanetta, il y a plus de noblesse dans le bouge où tu habites que dans tous les palais de Venise.

Trois jours encore Fabio visita les banques et les fondaks sans trouver personne qui voulût lui prêter de l'argent. Et partout il recevait

une mauvaise réponse et entendait des discours
qui revenait à celui-ci :

— Vous avez eu grand tort de vendre votre
vaisselle pour payer vos dettes. On prête à un
homme endetté, on ne prête pas à un homme
dépouillé de meubles et de vaisselle.

Le cinquième jour, il poussa, de désespoir,
jusqu'à la Corte delle Galli, qu'on nomme aussi
le Ghetto et qui est le quartier des juifs.

— Qui sait, se disait-il, si je n'obtiendrai pas
d'un circoncis ce que des chrétiens m'ont refusé?

Il s'achemina donc entre les rues San Geremia
et San Girolamo, dans un canal étroit et puant,
dont chaque nuit, sur l'ordre du Sénat, l'entrée
était barrée par des chaînes. Et, dans l'embarras
de savoir à quel usurier il s'adresserait d'abord,
il lui souvint d'avoir ouï parler d'un israélite
nommé Eliézer, fils d'Eliézer Maimonide, qu'on
disait grandement riche et d'un esprit merveilleusement subtil. Donc, s'étant enquis de la maison de ce juif Eliézer, il y arrêta sa gondole.
On voyait sur la porte une image du chandelier
à sept branches, que le circoncis avait fait sculp-
ter comme un signe d'espérance, en vue des jours
promis où le Temple renaîtrait de ses cendres.

Le marchand entra dans une salle éclairée par une lampe de cuivre dont les douze mèches fumaient. Le juif Eliézer s'y tenait assis devant ses balances. Les fenêtres de sa maison étaient murées parce qu'il était infidèle.

Fabio Mutinelli lui parla de cette manière :

— Eliézer, je t'ai plusieurs fois traité de chien et de païen renié. Il m'est arrivé, quand j'étais plus jeune et dans toute la fougue de l'âge, de jeter des pierres et de la boue aux gens qui passaient le long du Canal, une rouelle jaune cousue sur l'épaule, en sorte que j'ai pu atteindre quelqu'un des tiens et toi-même. Je te le dis, non pour te faire affront, mais par loyauté, dans le même moment que je viens te demander de me rendre un grand service.

Le juif leva tout droit en l'air son bras sec et noueux comme un cep de vigne :

— Fabio Mutinelli, le Père qui est au ciel nous jugera l'un et l'autre. Quel service viens-tu me demander ?

— Prête-moi cinq cents ducats pour une année.

— On ne prête pas sans caution. Tu l'as

sans doute appris des tiens. Quelle est ta caution?

— Il faut que tu saches, Eliézer, qu'il ne me
reste pas un denier, pas une tasse d'or, pas un
gobelet d'argent. Il ne me reste non plus un
ami. Tous ont refusé de me rendre le service
que je te demande. Je n'ai au monde que mon
honneur de marchand et ma foi de chrétien.
Je t'offre pour caution la sainte Vierge Marie
et son divin Fils.

A cette réponse, le juif, inclinant la tête
comme qui médite et pense, caressa durant
quelques instants sa longue barbe blanche. Puis :

— Fabio Mutinelli, mène-moi vers ta caution.
Car il convient que le prêteur soit mis en présence de la caution qui lui est offerte.

— Tel est ton droit, répondit le marchand.
Lève-toi et viens.

Et il mena Eliézer à l'église dell'Orto, près
de l'endroit dit le champ des Maures. Là, montrant la Madone qui, debout sur l'autel, le
front ceint d'une couronne de pierreries, les
épaules couvertes d'un manteau brodé d'or,
tenait entre ses bras l'enfant Jésus paré comme
sa mère, le marchand dit au juif :

— Voilà ma caution.

Eliézer ayant regardé tour à tour, d'un œil subtil, le marchand chrétien, la Madone et l'Enfant, inclina la tête et dit qu'il acceptait la caution. Il ramena Fabio dans sa maison et lui remit cinq cents ducats bien pesés :

— Ceci est à toi pour une année. Si dans un an, jour pour jour, tu ne m'as pas rendu la somme avec les intérêts au taux fixé par la loi de Venise et la coutume des Lombards, imagine toi-même, Fabio Mutinelli, ce que je penserai du marchand chrétien et de sa caution.

Fabio, sans perdre de temps, acheta des vaisseaux et les chargea de sel et de diverses autres marchandises qu'il vendit dans les villes de l'Adriatique à grand bénéfice. Puis, avec un nouveau chargement, il fit voile pour Constantinople où il acheta des tapis, des parfums, des plumes de paon, de l'ivoire et de l'ébène, qu'il fit échanger par ses commis, sur la côte de Dalmatie, contre des bois de construction qui, d'avance, lui étaient achetés par les Vénitiens. Par ce moyen, il décupla en six mois la somme qu'il avait reçue.

Mais un jour qu'il se divertissait en barque,

sur le Bosphore, avec des femmes grecques,
s'étant éloigné de la terre, il fut pris par des
pirates et mené captif en Égypte. Par bonheur,
son or et ses marchandises étaient en sûreté.
Les pirates le vendirent à un seigneur sarrasin
qui, lui ayant fait mettre les fers aux pieds, l'envoya cultiver le blé, qui est très beau dans cette
contrée. Fabio offrit à son maître de payer une
grosse rançon, mais la fille du seigneur sarrasin,
qui l'aimait et voulait l'amener à ce qu'elle
désirait, dissuada son père de le délivrer à
aucun prix. N'attendant plus son salut que de
lui-même, il lima ses fers avec les instruments
qu'on lui donnait pour cultiver les champs,
s'enfuit, gagna le Nil et se jeta dans une barque. Il atteignit ainsi la mer qui était proche,
y fut errant plusieurs jours, et, au moment de
mourir de faim et de soif, fut recueilli par
un navire espagnol qui allait à Gênes. Mais,
après huit jours de navigation, ce navire fut
assailli par une tempête qui le rejeta sur la
côte de Dalmatie. Près d'y aborder, il se brisa
sur un écueil. Tout l'équipage fut noyé, et
Fabio, soutenu par une cage à poulet, gagna
à grand'peine le rivage. Il y tomba inanimé

et fut recueilli par une veuve assez belle,
nommée Loreta, dont la maison se trouvait
sur la côte. Cette dame l'y fit transporter, le
coucha dans sa propre chambre, le veilla, lui
donna tous ses soins.

Quand il revint à lui, il sentit le parfum
des myrtes et des roses et vit de sa fenêtre
un jardin qui descendait en étages jusqu'à la
mer. Madame Loreta, debout à son chevet,
prit sa viole et en joua tendrement.

Fabio, dans sa reconnaissance et son ravis-
sement, lui baisa mille fois les mains. Il lui
rendit grâce et lui fit entendre qu'il était
moins touché d'avoir recouvré la vie que de la
devoir à une si belle personne.

Il se leva et alla se promener avec elle dans
le jardin et, s'étant assis dans un bosquet de
myrtes, il attira à soi la jeune veuve et lui
marqua sa reconnaissance par mille caresses.

Il la trouva sensible à ses soins et passa
près d'elle quelques heures dans le ravisse-
ment; après quoi il devint soucieux et demanda
à son hôtesse en quel mois et précisément en
quel jour du mois ils se trouvaient.

Et quand elle le lui eût dit, il commença de

gémir et de se lamenter, en songeant qu'il s'en
fallait de vingt-quatre heures qu'une année
entière ne se fût accomplie depuis le jour qu'il
avait reçu les cinq cents ducats du juif Eliézer.
L'idée de manquer à sa promesse et d'exposer
sa caution aux reproches du circoncis lui était
intolérable. Madame Loreta lui ayant demandé
la cause de son désespoir, il la lui fit connaître.
Et comme elle était d'une grande piété et très
dévote à la sainte Mère de Dieu, elle s'affligea
avec lui. La difficulté n'était pas de trouver
les cinq cents ducats. Il y avait dans la ville
voisine un banquier qui gardait depuis six
mois une pareille somme à la disposition de
Fabio. Mais aller de la côte de Dalmatie à
Venise en vingt-quatre heures, sur une mer
démontée et par des vents contraires, il n'y
fallait pas songer.

— Ayons d'abord la somme, dit Fabio.

Et quand un serviteur de son hôtesse la lui
eut apportée, le noble marchand fit amener une
barque tout proche le rivage; il y mit les sacs
contenant les ducats, puis il alla querir dans
l'oratoire de Madame Loreta une image de la
Vierge avec l'enfant Jésus, qui était de bois

de cèdre, et bien vénérable. Il la posa dans la nacelle, près du gouvernail, et lui dit :

— Madame, vous êtes ma caution. Il faut que le juif Eliézer soit payé demain. Il y va de mon honneur et du vôtre, Madame, et du bon renom de Votre Fils. Ce qu'un pêcheur mortel, comme je suis, ne peut faire, vous l'accomplirez sûrement, pure Étoile de la mer, vous dont le sein nourrit Celui qui marchait sur les eaux. Portez cet argent au juif Eliézer, dans le Ghetto de Venise, afin que les circoncis ne disent pas que vous êtes une mauvaise caution.

Et, ayant mis la barque à flot, il ôta son chapeau et dit bien doucement :

— Adieu, Madame !

La barque prit le large. Longtemps le marchand et la veuve la suivirent des yeux. La nuit tombait ; un sillage de lumière était tracé sur la mer apaisée.

Or, le lendemain, Eliézer, ayant ouvert sa porte, vit dans l'étroit canal du Ghetto une barque chargée de sacs et montée par une petite figure de bois noir, toute resplendissante des clartés de l'aube. La barque s'arrêta devant la maison où était sculpté le chandelier à sept branches. Le juif reconnut la Vierge Marie avec l'enfant Jésus, caution du marchand chrétien.

A *Henry Gauthier-Villars.*

X

HISTOIRE DE DOÑA MARIA D'AVALOS

ET DE

DON FABRICIO, DUC D'ANDRIA

.... Done Marie d'Avalos, l'une des belles princesses du païs, mariée avec le prince de Venouse, laquelle s'estant enamourachée du comte d'Andriane, l'un des beaux princes du païs aussy, et s'estans tous deux concertez à la jouissance et le mary l'ayant descouverte.... les fit tous deux massacrer par gens appostez; si que le lendemain on trouva ces deux belles moictiez et créatures exposées et tendues sur le pavé devant la porte de la maison, toutes mortes et froides, à la veue de tous les passants, qui les larmoyoient et plaignoyent de leur misérable estat.

(Pierre de Bourdeilles, abbé et seigneur de Branthôme. *Recueil des dames, seconde partie.*)

Il y eut de grandes fêtes à Naples quand le prince de Venosa, qui était riche et puissant seigneur, épousa doña Maria, de l'illustre maison d'Avalos. Douze chars, traînés par des che-

vaux recouverts d'écailles, de plumes ou de
fourrures, de manière à figurer dragons, grif-
fons, lions, lynx, panthères, licornes, prome-
naient dans la ville des hommes et des femmes
nus, dorés tout en plein, qui représentaient
les divinités de l'Olympe, descendues sur la
terre pour célébrer les noces vénosiennes. On
voyait dans un de ces chars un jeune garçon
ailé qui foulait aux pieds trois vieilles d'une
laideur dégoûtante. Une tablette élevée au-
dessus du char portait cette devise : L'Amour
vainqueur des Parques. Et il fallait entendre
par là que les deux époux goûteraient l'un
près de l'autre un long âge de bonheur. Mais
cet amour plus fort que les destins était un
faux présage. Deux ans après son mariage, un
jour qu'elle allait chasser à l'oiseau, doña
Maria d'Avalos vit le duc d'Andria, qui était
beau et bien fait, et l'aima. Honnête, bien née,
soucieuse de sa gloire et dans cette première
jeunesse où les femmes n'ont pas encore d'audace à contenter leurs désirs, elle n'envoya pas
une entremetteuse vers le gentilhomme pour
lui assigner un rendez-vous dans l'église ou
chez elle. Elle ne laissa point paraître ses sen-

timents et attendit que sa bonne étoile lui ramenât celui qui, dans moins d'un clin d'œil, lui était devenu plus cher que le jour. Son attente fut courte. Car le duc d'Andria, qui l'avait trouvée belle, alla tout de suite faire sa cour au prince de Venosa. S'étant rencontré seul dans le palais avec doña Maria, il lui demanda d'une manière bien douce et bien forte ce qu'elle était disposée et résolue à lui accorder. Sans retard, elle le mena dans sa chambre et ne lui refusa rien de ce qu'il voulait d'elle. Et, quand il lui rendit grâces d'avoir cédé à son désir, elle lui répondit :

— Monseigneur, ce désir était mien plus qu'il n'était vôtre. Et c'est moi qui ai voulu que nous fussions aux bras l'un de l'autre, comme nous sommes maintenant, dans ce lit où je vous ferai bonne chère tant qu'il vous plaira d'y venir.

Et, depuis ce jour, doña Maria d'Avalos reçut dans sa chambre le duc d'Andria toutes les fois qu'elle le put faire, ce qui arriva très souvent, car le prince de Venosa allait beaucoup à la chasse et passait parfois des semaines entières à se divertir avec des amis dans quelqu'une des maisons qu'il avait à la campagne.

Tout le temps que doña Maria demeurait couchée avec son ami, sa nourrice Lucia se tenait à la porte et faisait le guet, disant son rosaire et tremblant sans cesse que le prince ne revînt contre toute attente.

C'était un seigneur très redouté pour son humeur jalouse et violente. Ses ennemis lui reprochaient sa ruse et sa cruauté. Ils l'appelaient mâtin de renard et de louve, et deux fois bête puante. Mais ses amis le louaient de garder un fidèle ressouvenir du droit et du tort qu'on lui faisait et de ne pas savoir supporter patiemment une injure.

Il y avait trois mois pleins que les deux amants jouissaient l'un de l'autre et contentaient leur envie sans trouble ni crainte, lorsqu'un matin la nourrice alla trouver doña Maria dans sa chambre et lui dit :

— Écoute, petite perle chérie ; mes paroles ne seront pas de fleurs ni de dragées, mais d'une affaire grave et terrible. Monseigneur le prince de Venosa a reçu quelque mauvais avis sur toi et sur le duc d'Andria. Je l'ai vu tout à l'heure dans la cour comme il montait à

cheval. Il mordait sa moustache, ce qui en lui
est mauvais signe. Il parlait à deux hommes
qui n'ont pas l'air de mener une vie honnête ;
j'ai entendu seulement qu'il leur disait :
« Voyez sans être vus ». Telles étaient les
recommandations que leur faisait le noble
prince. Le malheur est qu'il se tut à ma vue.
Ma belle petite perle, aussi vrai que Dieu est
dans le Saint-Sacrement, si le prince te trouve
avec le seigneur duc d'Andria, il vous tuera
tous deux, et tu seras morte. Et moi, qu'est-ce
que je deviendrai ?

La nourrice parla et supplia longtemps
encore. Mais doña Maria d'Avalos la renvoya
sans lui faire de réponse.

Comme on était au printemps, elle alla se
promener ce jour-là dans la campagne avec
des dames de la ville. Et, tout en suivant une
route bordée d'épines fleuries, l'une de ces
dames lui dit :

— Doña Maria, il arrive que les chiens s'atta-
chent aux pas des voyageurs. Or, nous sommes
suivies par un grand chien noir et blanc.

Et la princesse, ayant tourné la tête, reconnut un moine dominicain qui venait chaque

jour s'étendre à l'ombre dans la cour du palais
Venosa, et qui, l'hiver, se chauffait à la cuisine.

Cependant la nourrice, voyant que sa maîtresse ne tenait nul compte de ses avis, courut avertir le duc d'Andria. Ce gentilhomme
avait raison de craindre, de son côté, que le
secret de ses belles amours ne fût malheureu-
sement découvert. Se voyant suivi la veille au
soir par deux ruffians armés d'espingoles, il
avait tué l'un d'un coup d'épée. L'autre avait
pris la fuite. Le duc d'Andria ne doutait plus
maintenant que ces deux bandits ne lui eussent été dépêchés par le prince de Venosa.

— Lucia, dit-il à la nourrice, je dois grandement craindre le danger, quand il menace
avec moi madame Maria d'Avalos. Dis lui que,
bien qu'il m'en coûte, je ne retournerai pas
dans sa chambre avant que les soupçons du
prince soient endormis.

La nourrice rapporta le soir même ces paroles à doña Maria qui les entendit avec impatience, en se mordant les lèvres jusqu'au
sang.

Avisée de ce que le prince était en ce moment dehors, elle ordonna à sa nourrice d'aller chercher tout de suite le duc d'Andria et de le lui amener dans sa chambre. Dès qu'il y fut, elle lui dit :

— Monseigneur, un jour passé loin de vous m'est le plus cruel des supplices. J'aurai le courage de mourir. Je n'ai pas le courage de supporter votre absence. Il ne fallait pas m'aimer si vous n'en aviez pas la force. Il ne fallait pas m'aimer si vous préfériez à mon amour quelque chose au monde, fût-ce mon honneur et ma vie. Choisissez ou de continuer à me voir chaque jour, ou de ne plus me voir jamais.

Il répondit :

— Donc, madame, à la bonne heure, puisqu'il ne peut plus y avoir pour nous de male heure ! Aussi bien je vous aime comme vous voulez, et plus que votre propre vie.

Et ce jour-là, qui était un jeudi, ils demeurèrent longtemps embrassés l'un contre l'autre. Rien n'advint de notable jusqu'au lundi de la semaine suivante, auquel jour, après le diner de midi, le prince avertit sa femme qu'il allait avec une suite assez nombreuse à Rome où il

était mandé par le pape qui était son parent.
Et, de fait, une vingtaine de chevaux attendaient tout sellés dans la cour. Donc le prince
baisa la main à sa femme comme il avait coutume de le faire quand il prenait congé d'elle
pour un temps un peu long. Puis, quand il fut
à cheval, il se retourna vers elle pour lui dire :

— Dieu vous garde, doña Maria !

Et il sortit avec sa suite. Dès qu'elle jugea
que cette troupe était hors les murs, la princesse donna l'ordre à sa nourrice d'appeler le
duc d'Andria. La vieille femme la supplia de
différer une réunion dont il pouvait mal ad-
venir.

— Ma colombe, lui dit-elle à genoux et les
mains jointes, ne reçois pas aujourd'hui le duc
d'Andria ! J'ai entendu toute la nuit les domes-
tiques du prince aiguiser des armes. Écoute
encore, ma petite fleur : le bon frère qui vient
recevoir à la cuisine son pain quotidien a renversé tout à l'heure une salière avec sa manche. Donne un peu de repos à ton galant, ma
mignonne. Tu n'en auras que plus de plaisir à
le revoir après, et il ne t'en aimera que mieux.

Mais doña Maria d'Avalos répondit :

— Nourrice, s'il n'est pas ici dans un quart
d'heure, je te renvoie chez tes frères dans la
montagne.

Et quand le duc d'Andria fut près d'elle, elle
l'accola avec une joie ardente.

— Mon seigneur, lui dit-elle, le jour nous
sera bon et la nuit meilleure. Je vous garde
jusqu'à l'aube.

Et, tout aussitôt, ils se donnèrent des baisers
et se firent des caresses. Puis, ayant ôté leurs
habits, ils se mirent au lit et se tinrent embrassés si longuement que le soir les trouva
encore serrés l'un contre l'autre. Alors, comme
ils avaient grand'faim, doña Maria tira de son
coffre de mariage un pâté de géline, des confitures sèches et un flacon de vin qu'elle avait
eu soin d'y mettre. Après qu'ils eurent mangé
et bu à leur gré, en faisant toutes sortes de
mignardises, la lune se leva et vint si amie à
la fenêtre, qu'ils voulurent lui souhaiter la
bienvenue. Ils se mirent au balcon, et là, res-
pirant la fraîcheur du ciel et la douceur de la
nuit, ils regardaient voler dans les buissons
noirs les mouches de feu. Tout se taisait hors
la crécelle des insectes dans l'herbe. Puis un

bruit de pas traversa la rue, et doña Maria
reconnut le moine mendiant qui hantait la
cuisine et les cours du palais et qu'elle avait
rencontré un jour dans le chemin fleuri où
elle se promenait en compagnie de deux dames.
Elle ferma doucement la fenêtre et se remit
au lit avec son ami. Il y avait une heure que,
couchés et s'embrassant, ils murmuraient les
plus douces choses qui jamais eussent été
inspirées par Amour à Naples et dans tout le
monde, quand ils ouïrent tout à coup un bruit
de pas et d'armes qui montait par l'escalier ;
en même temps ils virent une lueur rouge aux
fentes de la porte. Et ils entendirent la voix
de la nourrice qui criait : « Jésus Maria ! je suis
morte ! » Le duc d'Andria se dressa debout,
sauta sur son épée et dit :

— Venez, doña Maria ! Il faut sauter par la
fenêtre.

Mais, étant allé au balcon et s'étant penché
dehors, il vit que la rue était gardée et toute
hérissée de piques.

Alors il revint auprès de doña Maria, qui lui dit :

— C'est fini de tout ! Mais je ne regrette rien
de ce que j'ai fait, mon cher seigneur.

Il répondit :

— A la bonne heure !

Et il se hâta de passer ses chausses.

Cependant la porte tremblait des grands coups qui y étaient frappés du dehors et les ais commençaient à se disjoindre.

Il dit encore :

— Je voudrais savoir qui nous a trahis et vendus.

Dans le moment qu'il cherchait ses souliers, le vantail céda et une troupe d'hommes portant armes et torches se jeta dans la chambre. Le prince de Venosa était parmi eux et criait :

— Sus au galant ! Tuez ! tuez !

Le duc s'alla mettre devant le lit où était doña Maria et fit face à trois hommes qui l'assaillirent (il y avait en tout six hommes amenés par le prince, et tous étaient de ses familiers ou de ses serviteurs). Bien qu'aveuglé par la lumière des torches, le duc d'Andria réussit à parer plusieurs coups, et il en porta lui-même d'assez roides. Mais, s'étant embarrassé le pied dans la vaisselle qui gisait sur le carreau avec les restes du pâté et des confitures, il tomba à la renverse. Se trouvant sur le dos, une épée à

la gorge, il saisit l'épée de la main gauche;
l'homme, en la retirant, lui coupa trois doigts,
et l'épée se trouva faussée. Et comme le duc
d'Andria avançait les épaules pour se relever,
un de ses agresseurs lui porta sur la tête un
coup qui fit sauter les os du crâne. Alors les
six hommes se jetèrent sur lui et l'achevèrent
avec tant de précipitation qu'ils se blessèrent
les uns les autres.

Quand ce fut fait, le prince de Venosa leur
commanda de se tenir en repos ; et, marchant
sur doña Maria d'Avalos, qui jusque-là était
demeurée au bord du lit, il la poussa de la
pointe de son épée jusqu'au coin de la muraille
où était le coffre de mariage. Et, l'y tenant
rencoignée, il lui dit :

— *Puttana !*

Honteuse d'être nue, elle voulut tirer à elle
une couverture qui pendait hors du lit.

Mais il l'en empêcha par un coup de pointe
dont elle eut le flanc éraflé.

Alors, adossée au mur, elle se voila avec ses
bras et ses mains, et elle attendit.

Il ne cessait de crier :

— *Puttaccia !*

Et comme il ne la tuait pas, elle eut peur.

Il s'en aperçut et lui dit avec joie :

— Tu as peur !

Mais, lui montrant du doigt le corps inanimé du duc d'Andria, elle répondit :

— Imbécile ! que veux-tu que je craigne
maintenant ?

Et, pour n'avoir plus l'air effrayé, elle chercha à se rappeler un air de chanson qu'elle
avait souvent chanté jeune fille, et elle se mit
à le siffler entre les dents.

Le prince, furieux de voir qu'elle le bravait,
la piqua au ventre en criant :

— Ah ! *Sporca puttaccia !*

Elle s'arrêta de chanter et dit :

— Monsieur, il y a deux ans que je ne suis
allée à confesse.

A cette parole, le prince de Venosa songea
que, si elle mourait damnée, elle pourrait
revenir la nuit et le tirer en enfer avec elle. Il
lui demanda :

— Ne voulez-vous pas un confesseur ?

Elle réfléchit un moment, puis secouant la
tête :

— C'est inutile. Je ne peux pas sauver mon

âme. Je ne me repens pas. Je ne peux pas, je
ne veux pas me repentir. Je l'aime! Je l'aime!
Laissez-moi mourir dans ses bras.

Brusquement, elle écarta l'épée, se jeta d'un
bond sur le corps sanglant du duc d'Andria
et le tint embrassé.

En la voyant ainsi, le prince de Venosa
perdit la patience qu'il avait jusque-là gardée
de ne la tuer qu'après l'avoir fait souffrir. Il
lui traversa le corps de sa lame. Elle cria:
« Jésus! » roula sur elle-même, se dressa debout et, après une petite secousse de tous les
membres, s'abattit, morte.

Il la frappa plusieurs fois encore au ventre
et à la poitrine. Puis il dit aux serviteurs:

— Jetez ces deux charognes au pied de
l'escalier d'honneur et ouvrez toute grande la
porte du palais, afin qu'on sache la vengeance
en même temps que l'affront.

Il ordonna que le cadavre de l'amant fût
dépouillé comme l'autre.

Les serviteurs firent ce qui leur était commandé. Et tout le jour les corps du duc d'Andria
et de doña Maria demeurèrent nus au bas des
degrés. Les passants s'approchèrent pour les

voir. Et, la nouvelle du meurtre s'étant répandue par la ville, une foule de curieux se pressaient devant le palais. Quelques-uns disaient :
« Voilà qui est bien fait ! » D'autres, en plus
grand nombre, à la vue d'un spectacle si la-
mentable, étaient pris de pitié. Mais ils n'osaient
plaindre les victimes du prince, de peur d'être
maltraités par les valets armés qui gardaient
les cadavres. De jeunes hommes recherchaient
sur le corps de la princesse les restes de la
beauté qui avait causé sa perte, et les enfants
se donnaient entre eux des explications sur ce
qu'ils voyaient.

Doña Maria était étendue sur le dos. Les
lèvres s'étant retirées, elle montrait les dents
et avait l'air de rire. Ses yeux étaient grands
ouverts et tout blancs. On lui voyait six blessures, trois au ventre, qui était très enflé, deux
à la poitrine, une au cou. Celle-là avait saigné
abondamment et les chiens venaient la lécher.

A la tombée de la nuit, le prince ordonna
de mettre, comme aux jours de fête, des torches de résine dans les anneaux de bronze
scellés aux murs du palais, et de faire de
grands feux dans la cour, afin qu'on pût voir

les criminels. A minuit, une veuve pieuse apporta des draps qu'elle étendit sur les corps. Mais, par ordre du prince, ces draps furent aussitôt arrachés.

L'ambassadeur d'Espagne ayant appris l'indigne traitement infligé à une dame de la maison espagnole d'Avalos, vint lui-même prier instamment le prince de Venosa de cesser des outrages qui offensaient la mémoire du duc de Pescaire, oncle de doña Maria, et indignaient dans leur tombeau tant de grands capitaines dont cette dame était issue. Mais il se retira sans avoir rien obtenu. Il écrivit à ce sujet à Sa Majesté catholique. Les corps restèrent honteusement exposés. Vers la fin de la nuit, comme il ne venait plus de curieux, les valets se retirèrent.

Un moine dominicain, qui s'était tenu tout le jour devant la porte, se glissa dans l'escalier à la lueur fumeuse des torches de résine qui s'éteignaient, rampa jusqu'aux degrés où gisait doña Maria d'Avalos, se jeta sur le cadavre et le viola.

A Armand Genest.

XI

BONAPARTE A SAN MINIATO

Quand, simple citoyen, soldat d'un peuple libre,
Aux bords de l'Éridan, de l'Adige et du Tibre,
Foudroyant tour à tour quelques tyrans pervers,
Des nations en pleurs sa main brisait les fers...

MARIE-JOSEPH CHÉNIER *(la Promenade).*

Napoléon, après son expédition de Livourne, se
rendant à Florence, coucha à San-Miniato chez
un vieil abbé Buonaparte... » *(Mémorial de Saint-
Hélène,* par le comte de Las Cases, réimpression
de 1823-1824, t. Ier page 149.)

« Je fus sur le soir à San Miniato. J'y avais un
vieux chanoine de parent... » *(Mémoires du
docteur F. Antommarchi, sur les derniers moments
de Napoléon, 1825, t. Ier. page 155.)*

Après avoir occupé Livourne et fermé ce port
aux navires anglais, le général Bonaparte alla
voir à Florence le grand-duc de Toscane,
Ferdinand, qui, seul entre tous les princes de

l'Europe, avait tenu de bonne foi ses enga-
gements envers la République. En témoignage
d'estime et de confiance, il vint sans escorte
avec son état-major. On lui montra les armes
des Buonaparte sculptées sur la porte d'une
vieille maison. Il savait qu'une branche de sa
famille avait jadis fructifié à Florence et qu'il
en restait encore un dernier rejeton. C'était un
chanoine de San Miniato, âgé de quatre-vingts
ans. Malgré les soins dont il était pressé, il
avait à cœur de lui rendre visite. Les sentiments naturels étaient très forts en Napoléon
Bonaparte.

La veille de son départ, dans la soirée, il se
rendit avec quelques-uns de ses officiers à San
Miniato, dont la colline, couronnée de murailles et de tours, s'élève à une demi-lieue au
sud de Florence.

Le vieux chanoine Buonaparte accueillit avec
une noble aménité son jeune parent et les
Français dont il était accompagné.

C'était Berthier, Junot, l'ordonnateur en chef
Chauvet et le lieutenant Thézard. Il leur offrit un
souper à l'italienne auquel ne manquaient ni
les grues de Peretola, ni le petit cochon de

lait parfumé d'aromates, ni les meilleurs vins de Toscane, de Naples et de Sicile. Lui-même, il but au bonheur de leurs armes. Républicains comme Brutus, ils burent à la patrie et à la liberté. Leur hôte leur fit raison. Puis, se tournant vers le général qu'il avait placé à sa droite :

— Mon neveu, lui dit-il, n'êtes-vous pas curieux de regarder l'arbre généalogique peint sur le mur de cette salle? Vous y verriez sans déplaisir que nous descendons des Cadolinges lombards qui, du xe au xiie siècle, s'honorèrent par leur fidélité aux empereurs allemands et d'où sortirent, avant l'an 1100, les Buonaparte de Trévise et les Buonaparte de Florence, ces derniers de beaucoup les plus illustres.

Les officiers commençaient à chuchoter et à rire. L'ordonnateur Chauvet demandait tout bas à Berthier si le général républicain se trouvait flatté d'avoir dans sa lignée des esclaves asservis à l'aigle bicéphale. Et le lieutenant Thézard était prêt à jurer que le général devait le jour à de bons sans-culottes. Cependant le chanoine Buonaparte vantait abondamment l'excellence de sa maison.

— Apprenez, mon neveu, dit-il enfin, que nos ancêtres florentins méritaient leur nom. Ils furent du *bon parti* et défendirent constamment l'Église.

A ces mots, que le bonhomme avait prononcés d'une voix haute et claire, le général, jusque-là distrait, écoutant à peine, releva sa tête pâle et maigre, taillée sur l'antique, et de la pointe étincelante de son regard il cloua la parole sur les lèvres du vieillard.

— Mon oncle, dit-il, laissons ces niaiseries et ne disputons pas aux rats de votre grenier des parchemins moisis.

Et il ajouta d'une voix de bronze :

— Ma seule noblesse est dans mes actions. Elle date du 13 vendémiaire an IV, quand j'ai foudroyé sur les marches de Saint-Roch les sections royalistes.

» Buvons à la République! La République, c'est la flèche d'Évandre qui ne retombe pas et se change en étoile.

Les officiers répondirent par une acclamation enthousiaste. Berthier lui-même se sentit à ce moment républicain et patriote.

Junot s'écria que Bonaparte n'avait pas

besoin d'aïeux, et qu'il lui suffisait d'avoir été
fait caporal par ses soldats à Lodi.

On but des vins qui avaient le goût sec de
la pierre à fusil et l'odeur de la poudre. On
en but beaucoup. Le lieutenant Thézard était
désormais hors d'état de cacher sa pensée. Fier
des blessures et des baisers dont il avait été
couvert dans cette campagne héroïque et
joyeuse, il annonça sans détour au bon chanoine que, sur les pas de Bonaparte, les
Français feraient le tour du monde, renversant
partout les trônes et les autels, faisant des
enfants aux filles et crevant le ventre aux
fanatiques.

Le vieux prêtre, toujours souriant, répondit
qu'il abandonnait volontiers à leur belle furie,
non point les jeunes filles qu'il leur recom-
mandait au contraire de ménager, mais les
fanatiques, grands ennemis de la sainte Église.

Junot lui promit de traiter favorablement
les religieuses, dont il avait à se louer, leur
ayant trouvé le cœur tendre et la peau blanche.

L'ordonnateur Chauvet soutint qu'il fallait
apprécier l'influence du cloître sur le teint des
filles. Il avait de la philosophie.

— De Gênes à Milan, dit-il, nous avons beaucoup mordu à ce fruit défendu. On se croit sans préjugés; pourtant une jolie gorge semble plus jolie sous la guimpe. Je ne reconnais point les vœux monastiques, et j'avoue que j'attache un prix particulier à la cuisse d'une nonne. O contradictions du cœur humain!

— Fi! fi! dit Berthier; peut-on prendre plaisir à troubler la raison et les sens de ces malheureuses victimes du fanatisme? N'est-il donc pas en Italie des femmes de la bonne société à qui vous puissiez offrir vos vœux dans les fêtes, sous le manteau vénitien, si favorable aux intrigues? Est ce pour rien que Pietra Grua Mariani, Madame Lambert, Madame Monti, Madame Gherardi de Brescia, sont belles et galantes?

En nommant ces dames italiennes, il songeait à la princesse Visconti qui, n'ayant pu séduire Bonaparte, s'était donnée à son chef d'état-major et l'aimait avec une mollesse fougueuse, avec une astucieuse sensualité dont le faible Berthier était troublé pour la vie.

— Moi, dit le lieutenant Thézard, je n'ou-

blierai jamais une petite vendeuse de pastèques
qui, sur les degrés du dôme...

Le général, impatienté, se leva. A peine leur
restait-il trois heures pour le sommeil. Ils
devaient partir le lendemain au petit jour.

— Mon parent, ne vous mettez point en
peine pour nous coucher, dit-il au chanoine.
Nous sommes des soldats. Il nous suffit d'une
botte de paille.

Mais l'excellent hôte avait fait dresser des
lits. Sa maison, nue et sans ornements, était
vaste. Il conduisit les Français, l'un après l'autre,
dans les chambres qui leur étaient destinées et
leur souhaita une bonne nuit.

Seul dans sa chambre, Bonaparte jeta son
habit, son épée, et griffonna au crayon un
billet à Joséphine, vingt lignes illisibles, où
criait son âme violente et calculée. Puis, ayant
plié le papier, il chassa l'image de cette femme
brusquement, comme on pousse un tiroir. Il
déploya un plan de Mantoue, et choisit le
point sur lequel il réunirait ses feux.

Il était tout entier à ses calculs quand il
entendit frapper à sa porte. Il crut que c'était
Berthier. C'était le chanoine qui venait lui

demander un moment d'entretien. Il portait
sous son bras deux ou trois cahiers recouverts
de parchemin. Le général regarda ces pape-
rasses d'un air un peu narquois. Il ne doutait
point que ce ne fût la généalogie des Buonaparte,
et il y voyait la source d'une conversation
inépuisable. Pourtant il ne laissa paraître
aucune impatience.

Il n'était maussade ou colère que lorsqu'il le
voulait expressément. Or, il n'avait aucune envie
de déplaire à son bon parent; il désirait au
contraire lui être agréable. Et, de plus, il
n'était pas fâché de connaître toute la noblesse
de sa race, maintenant que ses officiers jacobins
n'étaient plus là pour s'en moquer ou pour en
prendre ombrage. Il pria le chanoine de s'asseoir.

Celui-ci prit un siège, posa ses registres sur
la table et dit :

— Mon neveu, j'avais commencé, pendant le
souper, à vous parler des Buonaparte de Florence; mais j'ai compris, au regard que vous
m'avez adressé, que ce n'était pas le lieu de
s'étendre sur ce sujet. Je me suis tu, réservant
pour ce moment-ci l'essentiel. Je vous prie,
mon parent, de m'écouter avec attention.

» La branche toscane de notre famille produisit des hommes excellents, parmi lesquels il convient de nommer Jacopo di Buonaparte qui, témoin du sac de Rome en 1527, fit une relation de cet événement, et Niccoló, auteur d'une comédie intitulée la *Vedova*, qu'on vanta comme l'ouvrage d'un autre Térence. Pourtant, ce n'est point de ces deux illustres ancêtres que je veux vous entretenir, mais bien d'un troisième qui les éclipse autant en gloire que le soleil efface les étoiles. Apprenez que notre famille compte un bienheureux parmi ses membres, fra Bonaventura, disciple réformé de Saint-François qui, l'an 1593, mourut en odeur de sainteté.

Le vieillard s'inclina en prononçant ce nom. Puis il reprit avec une chaleur qu'on n'eût attendue ni de son âge ni de ses mœurs indulgentes :

— Fra Bonaventura ! Ah ! mon parent, c'est à lui, c'est à ce bon père que vous devez le succès de vos armes. Il était près de vous, n'en doutez point, quand vous foudroyâtes, comme vous l'avez dit à souper, les ennemis de votre parti sur les marches de San Rocco.

Ce capucin vous a conduit au milieu des batailles. Soyez assuré que, sans lui, vous n'auriez eu de bonheur ni à Montenotte, ni à Millesimo, ni à Lodi. Les marques de sa protection sont trop éclatantes pour ne pas les voir, et je reconnais dans vos succès un miracle du bon fra Bonaventura. Mais ce qu'il importe que vous sachiez, mon parent, c'est que le saint homme avait ses desseins quand, vous donnant l'avantage sur Beaulieu lui-même, il vous mena de victoire en victoire jusque dans cette antique demeure où vous reposez, cette nuit, sous la bénédiction d'un vieillard. Et je suis précisément ici pour vous révéler ses intentions. Fra Bonaventura voulait que vous fussiez instruit de ses mérites, que vous connussiez ses jeûnes, ses austérités, les silences d'une année entière auxquels il se condamnait. Il voulait vous faire toucher son cilice et sa corde, et ses genoux si durcis aux degrés de l'autel, qu'il marchait tordu comme un Z. C'est à cet effet qu'il vous a amené en Italie, où il vous ménageait l'occasion de lui rendre service pour service. Car, sachez-le, mon parent, si ce capucin vous a beaucoup aidé, de votre côté, vous pouvez lui être grandement utile.

A ces mots, le chanoine posa la main sur les gros cahiers qui chargeaient la table et respira longuement.

Bonaparte attendit sans rien dire la suite de ce discours qui l'amusait. Il n'y avait pas d'homme plus facile à distraire.

Ayant soufflé, le vieillard reprit la parole :

— Oui, mon parent, vous pouvez être grandement utile au bon fra Bonaventura, et dans sa position, il a besoin de vous. Béatifié depuis de longues années, il attend encore d'être mis au calendrier. Il languit, le bon fra Bonaventura. Et que puis-je, moi, pauvre chanoine de San Miniato, pour lui procurer l'honneur qui lui est dû ? Son inscription exige des dépenses qui passent ma fortune et les ressources de l'évêché ! Pauvre chanoine ! Pauvre évêché ! Pauvre duché de Toscane ! Pauvre Italie ! Vous, mon parent, demandez au pape qu'il reconnaisse fra Bonaventura. Il vous l'accordera. Sa Sainteté, par égard pour vous, ne refusera pas de mettre un saint de plus au calendrier. Un grand honneur en rejaillira sur vous et sur votre famille, et la protection du bon capucin ne vous fera jamais défaut. Ignorez-vous le bonheur d'avoir un saint dans sa famille ?

Et le chanoine, montrant les cahiers de parchemin, pressa le général de les emporter dans sa valise. Ils contenaient le mémoire sur la canonisation du bienheureux frère Bonaventure avec pièces à l'appui.

— Promettez-moi, ajouta-t-il, que vous vous occuperez de cette affaire, la plus grande qui puisse vous intéresser.

Bonaparte contint son envie de rire.

— Je suis mal placé, dit-il, pour entreprendre un procès en canonisation. Vous n'ignorez pas que la République française poursuit auprès de la cour de Rome les réparations dues pour le meurtre de l'ambassadeur Bassville, lâchement égorgé.

Le chanoine se récria :

— Corpo di Bacco ! la cour de Rome fera des excuses, mon parent, elle accordera toutes les réparations et notre capucin sera mis au calendrier.

— Les négociations ne sont pas près d'aboutir, répliqua le général républicain. Il faut encore

que la curie romaine reconnaisse la constitution
civile du clergé français et qu'elle brise de ses
mains l'Inquisition, qui blesse l'humanité et
usurpe sur le droit des États.

Le vieillard sourit :

— Mio caro figliuolo Napoleone, le pape sait
qu'il faut donner et recevoir. Il cède à propos.
Il vous attend. Il est durable et pacifique.

Bonaparte demeura songeur, comme si des
idées nouvelles venaient se ranger dans sa tête
puissante. Puis tout à coup :

— Vous ne connaissez pas l'esprit du siècle.
On est fort irréligieux en France. L'impiété y
est enracinée. Vous ignorez le progrès des
idées de Montesquieu, de Raynal et de Rousseau.
Le culte est aboli. On a perdu le respect. Vous
l'avez bien vu aux propos scandaleux tenus
par mes officiers à votre table.

Le bon chanoine secoua la tête :

— Oh! ces aimables jeunes gens, ils sont
légers, dissipés, étourdis! Cela leur passera. Dans
dix ans, ils courront moins les filles et ils iront
à la messe. Le carnaval est de peu de jours, et
celui même de votre Révolution française ne
durera pas longtemps. L'Église est éternelle.

Bonaparte avoua qu'il était lui-même trop peu religieux pour se mêler d'une affaire tout ecclésiastique.

Alors le chanoine le regarda dans les yeux et lui dit :

— Mon enfant, je connais les hommes. Je vous devine : vous n'êtes pas philosophe. Occupez-vous du bienheureux père Bonaventura. Il vous rendra le bien que vous lui aurez fait. Quant à moi, je suis trop vieux pour voir le succès de cette grande affaire. Je vais bientôt mourir. La sachant dans vos mains, je mourrai tranquille. Et surtout n'oubliez pas, mon parent, que toute puissance vient de Dieu par l'intermédiaire de ses prêtres.

Il se mit debout, leva les bras pour bénir son jeune parent et se retira.

Resté seul, Bonaparte feuilleta le volumineux mémoire, à la clarté fumeuse de la chandelle ; il songeait à la puissance de l'Église et il se disait que l'institution de la papauté était plus durable que la constitution de l'an III.

On frappa à la porte. C'était Berthier qui venait avertir le général que tout était prêt pour le départ.

FIN

TABLE

—

IMPRIMERIE CHAIX, RUE BERGÈRE, 20, PARIS. — 22304-11-94. — (Encre Lorilleux).